KB190637

FASHION
PASSION
MISSION

말씀의 옷장을 열어
복음을 입히다

초판인쇄 • 2022년 5월 9일
초판발행 • 2022년 5월 14일

지은이 • 오한나

발행처 • 비홀드
등   록 • 2019년 8월 2일 제409-2019-000037호
주   소 • 경기도 김포시 월곶면 용강로57번길 86 B동 2호
전   화 • 070 4116 4550
이메일 • beholdbook@daum.net
인스타그램 • www.instagram.com/beholdbook

©오한나, 2022
ISBN 979-11-975323-1-3
값 16,000원

Behold, I am coming soon! Rev 22:7,12

behold

말씀의 옷장을 열어

복음을
입히다

오한나 지음

비홀드

수많은 사람들에게 새 옷을 입혀주는 일을 통해 예수님의 마음을 알게 된 저자의 고백은 그 자체로 복된 소식처럼 다가옵니다. 저자는 자신의 옷을 찢지 못해 이전의 삶에 갇혀 있는 사람들에 대한 애통함을 고백합니다. 그리고 '복음의 옷'을 입히고 싶은 갈망을 이야기합니다.

잠언의 마지막장은 '현숙한 여인'에 관한 이야기입니다. 지혜로운 신부의 결정체인 이 현숙한 여인은 실을 짜서 옷을 만들고 가족들과 주변 사람들에게 입히는 일에 열심입니다. 누군가에게 옷을 입힌다는 것은 그 사람에게 새로운 정체성과 아름다움을 부여하는 일이기 때문입니다. 지혜는 이렇듯 아름다운 옷을 입히는 일입니다. 그녀는 이 일에 열심입니다.

> "그는 양털과 삼을 구하여 부지런히 손으로 일하며 손으로 솜뭉치를 들고 손가락으로 가락을 잡으며 … 베로 옷을 지어 팔며…." 잠언 31:13,19

이 현숙한 여인은 마침내 그녀가 사랑하는 사람들이 '홍색옷'을 입었을 때 마음을 놓습니다. 홍색옷은 이 책의 8장에서 소개되는 '보혈의 피로 물들인 옷'입니다. 이것이 바로 저자가 그토록 입히고 싶은 아름다운 옷, 곧 복음입니다.

저자는 우리의 옷 입기가 단순히 겉을 치장하는 일이 아니라 오히려 '속모양'의 본체임을 말합니다. 결국 옷을 입힌다는 것은 그 사람의 내면을 변화시키는 일이라는 것입니다. 그래서, 누군가에게 옷을 입히는 일은 거룩한 성직처럼 느껴집니다.

이 놀라운 책을 통하여 저는 성경의 처음부터 마지막까지 옷과 복음이라는 다소 동떨어진 주제가 절묘하게 연결되어 있는 것을 발견하면서 감사하고 신선한 충격을 받았습니다.

고백하건데, 이 글을 읽는 처음부터 끝까지 성령께서 주시는 감동이 있었습니다. 그럴 내용이 아닌데도 괜히 눈가가 촉촉해지며 알 수 없는 기쁨과 감동이 있었던 것입니다. 나와는 멀다고 생각했던 패션에서 깊은 감동을 얻게 되는 일이 이 책을 읽는 모든 독자들에게도 있을 것입니다. 현숙한 여인처럼, 저자가 지어 입힐 홍색옷이 여러분을 아름답고 존귀하게 변화시켜 줄 것을 기대합니다.

강대위 목사 · 한새사람교회 담임
IMN(이스라엘사역네트워크) 절기 및 다음세대 담당

저는 '리한나이미지'라는 회사에서 고객에게 딱 맞는 옷을 찾아
주고 입혀주는 퍼스널 스타일링 일을 하고 있습니다. 국내에서
는 아직 생소한 퍼스널 스타일리스트, 퍼스널 쇼퍼라는 이 직업
의 가장 큰 특징이자 차별점은 다수가 아닌 '한 사람에게 집중
한다는 것'입니다. 한 사람을 만나 집중적으로 연구하고 분석해
야만 그를 가장 빛나게 해 줄 의상을 찾을 수 있기 때문입니다.

지난 12년간 저는 수많은 강연과 만 번 이상의 스타일링을 통
해 한 개인의 인생을 자세히 들여다보게 되었고, 그 마음의 깊
은 공허함까지도 알게 되었습니다. 그 공허함은 값비싼 명품을
입는다고 해서 채워지는 것이 아니었습니다. 그들은 단순히 옷
을 잘 입고 싶어서가 아닌 '내가 누구인지'(정체성, identity) 알고 싶
어 했습니다. '자신의 이미지'(self image)를 알고 싶어 했고, 그것
을 모르기에 어떤 옷을 입을지 막막하다고 고백했습니다. 우리
는 이미지(image)라는 말을 흔히 사용하지만 막상 설명하려 하
면 쉽지 않고, 세상 어디에서도 그 단어가 어떻게 시작되었는지
찾을 수 없습니다. 뿐만 아니라 저는 스타일링을 통하여 외모뿐
아니라 무너진 삶과 인간관계까지도 회복되는 것을 보면서 '옷'

의 신비와 '사람'에 대한 본질적 질문이 생기기 시작했습니다. 그러나 제 지식으로는 아무 답도 찾을 수 없었습니다.

> "하나님이 이르시되 '우리의 형상'(our image)을 따라 '우리의 모양'(our likeness)대로 우리가 사람을 만들고…." 창세기 1:26

놀랍게도 모든 해답이 성경에 있었습니다. 성경은 사람이 하나님의 이미지를 따라 그분의 모양대로 만들어졌다고 분명히 밝히고 있습니다. 바로 우리의 정체성은 하나님을 온전히 닮은 이미지, 즉 하나님의 모양인 것입니다. 이를 깨닫자 제 모든 가치관과 비전이 새롭게 바뀌었고, 자신이 누구인지 고민하는 이들에게 복음을 전해야 할 이유가 분명해졌습니다. 이후로 하나님은 제가 만나는 한 사람 한 사람을 향한 아버지의 사랑과 애통한 마음을 부어 주셨고, 그에게 영원한 생명의 옷을 입혀 주길 원하셨습니다.

처음에 저는 비즈니스로 만난 분들에게 어떻게 그의 이미지의 본체인 하나님을 전할 수 있을까 고민이 되었습니다. 그때 하나님은 성경의 처음과 끝이 '패션이야기'임을 깨닫게 해 주셨습니다. 이제 저는 고객과 진솔하게 삶을 나누며 "왜 옷을 잘 입고 싶으세요?", "패션은 언제부터 시작되었는지 아세요?", "최초의 의상디자이너가 누군지 아세요?"라고 자연스레 물으며 복음을 전하고 있습니다. 그때 상대방은 금세 마음을 열고 다음 이야기를 궁금해 하며 적극적으로 묻고 또 경청했습니다. 그렇게 누군가는 다시 하나님의 품으로 돌아왔고, 누군가는 예수님을 영접하고 하나님의 자녀가 되었습니다.

그러던 어느 날 저는 일상과 밀접한 옷을 통하여 복음을 전하는 책이 있다면 좀 더 쉽고 자연스럽게 생명의 메시지를 받아들이지 않을까 하는 마음을 품게 되었고, 불같은 열정으로 한 달 만에 원고를 완성하였습니다. 머릿속에 밤낮없이 떠오르는 내용을 타이핑하면서 이는 제가 감당할 수 있는 지혜와 지식이 아니었기에 하나님을 더욱 붙잡고 더욱 기도했습니다.

어릴 적부터 아버지 곁에서 자연스레 신학서적을 읽으며 자란 저는 예수님께서 사용하시고 성경이 쓰여진 당시의 언어를 알면 그분을 더욱 깊이 알 수 있지 않을까 하는 순수한 마음과 그분을 향한 사랑으로 히브리어, 헬라어 원어성경으로 말씀을 묵상해 왔습니다. 하루의 대부분을 성경과 히브리어 사전을 보고 배우며 묵상할 때에 저를 터치해 주신 성령님의 감동은 마음에 쌓이고 쌓여 원고를 집필하는 데 큰 도움이 되었습니다. 돌아보면 이 모든 과정이 복음을 전하는 제 삶을 빚어 가시는 하나님의 은혜임을 고백합니다. 저는 신학을 전공하지도 않았고 사역자도 아니지만, 이 책을 쓴 유일한 이유는 복음을 전하지 않으면 견디지 못할 뜨거운 마음 때문이었습니다. 하나님의 마음과 제 안에 그 갈망이 연합되지 않았다면 이 책은 나오지 못했을 것입니다.

당신은 옷을 잘 입고 싶으신가요? 당신의 이미지가 무엇인지 알고 싶으신가요? 그렇다면 지금이 바로 당신에게 가장 잘 어울리고 딱 맞는 복음의 옷을 입어야 할 때입니다. 패션(fashion)은 당신을 향한 하나님의 열정(passion)으로 시작되어 마침내 당신 삶의 의미와 사명(mission)을 일깨워 줄 것입니다. 이 책을 통하여 당신이 영원한 생명의 옷을 입고 예수님이 다시 오실 그날까지 아름답게 단장되기를 소망합니다.

차례

PART 3 당신을 영원으로 인도하는 **영화의 옷**

당신에게 선물같이 찾아온

칭의의 옷

누구든지
그리스도와 합하기 위하여 세례를 받은 자는
그리스도로 옷 입었느니라
갈라디아서 3:27

chapter 1

옷을 잘 입고 싶은 이유는 무엇인가요

퍼스널 스타일리스트인 저는 개인 스타일 컨설팅을 통하여 고객에게 맞는 의상 매뉴얼을 제공하고, 코디네이션과 동행 쇼핑을 통하여 한 사람을 가장 아름답게 세우는 일을 하고 있습니다. 이 직업의 핵심은 고객의 이미지 변화를 세밀히 지켜보고 확인하는 것입니다.

저는 고객들의 패션에 대한 고민이나 생각을 하나도 놓치지 않고 귀담아 들으려고 노력합니다. 그런데 이야기를 듣다보면 그들의 아픔과 상처가 단순히 의상 하나의 문제로 끝나지 않음을 알 수 있습니다. 단지 옷을 잘 입지 못한다는 이유로 어떤 이는 결혼이 깨지거나 관계가 틀어졌고, 어떤 이는 우울증에 걸리거나 안 좋은 선택을 했습니다. 또한 어떤 이는 비즈니스가 잘 안되었고, 어떤 이는 성격이 소심하게 바뀌었습니다. 얼마나 많은 사람들이 자신의 의상 고민을 나누면서 눈물을 흘렸는지 모릅니다.

저는 이 일을 하면서 옷이 단순히 천이 아닌, 한 사람의 삶과 자아를 형성하며 정체성을 바꿔 놓는다는 사실을 절감하게 되었습니다. 의상의 문제는 곧 '삶의 문제'였습니다.

변화가 어려운 이유

저는 계획된 스타일링을 통하여 가장 합리적인 스타일 시안을 고객에게 제안하고 그 옷을 직접 입혀 드립니다. 그런데 고객과 함께 쇼핑을 나간 자리에서 뜻밖의 상황에 맞닥뜨리곤 합니다.

"제게 어울리는 옷이라는 걸 알지만… 입고 싶지 않아요."

그 누구보다 변화를 간절히 원했던 고객이 막상 자신에게 어울리는 옷을 만나면 거부하는 상황이 발생하는 것입니다. 아니, 입기를 힘들어 한다는 표현이 더 맞을 것 같습니다. 저는 고객이 이처럼 거부감을 표현할 때면 전문가로서 받는 심리적 스트레스가 있습니다. (여기서 강조하고 싶은 것은, 사람은 누구나 자신의 기준에 맞지 않는 의상에 대한 거부감이 있다는 것입니다.) 옷이 단순한 천 조각이라면, 사람들은 왜 이렇게 입고 싶지 않은 옷이 있고, 입고 싶은 옷이 있는 것일까요?

저는 '왜 사람은 스타일을 바꾸기 어려워할까?'에 대한 본질적인 이유에 대하여 고민하던 중, 다음 두 가지를 깨달았습니다. 한 가지는 스타일을 바꿔 주는 외적 변화 전에 고객의 '내면을 어루만지는 일'이 선행되어야 한다는 점입니다. 그리고 다른 한 가지는 '당신은 이런 사람입니다'라는 정체성의 문제가 해결되어야 한다는 점입니다. 이것이 선행되지 않을 때, 그 결과는 새로운 옷에 대한 거부감으로 즉시 나타났습니다.

우리는 먼저 마음이 열려야 새로운 스타일의 옷을 입을 수 있습니다. 마음과 옷은 마치 유기체처럼 연결되어 있어 마음의 상태가 의복으로 나오고, 의복을 보면 입은 사람의 마음을 읽을 수 있습니다. 옷은 오히려 '속모양'의 본체인 것입니다.

제가 이 직업을 통하여 깨달은 것은 패션이 결코 쉽거나 가벼운 분야가 아니라는 사실입니다. 패션은 인류에게 가장 무겁고 어려운 분야이자 동시에 가장 중요한 분야 중 하나입니다. 만약 패션이 가벼운 분야라면, 우리는 싫어하는 옷도 아무 감정 없이 쉽게 입을 수 있어야 합니다. 그러나 오늘날 우리의 모습을 한번 보십시오. 언제나 옷을 잘 입고 싶어 하고, 옷을 못 입으면 속상해 하거나 수치심을 느끼지 않습니까!

"여호와 하나님이 아담을 부르시며 그에게 이르시되 네가 어디 있느냐 이르되 내가 동산에서 하나님의 소리를 듣고 내가 벗었으므로 두려워하여 숨었나이다." 창세기 3:9-10

chapter 2

아무리 잘 입어도 반쪽짜리 스타일링입니다

새로운 스타일의 옷을 입고 긍정적으로 변화되는 고객이 있는가 하면, 변화가 더디거나 아예 없는 고객도 있습니다. 같은 서비스를 체험하는데 이처럼 다른 결과가 나오는 것은 오랫동안 제 마음을 혼란스럽게 하고 무겁게 만드는 것 중 하나였습니다. 저는 해결책을 찾기 위하여 이것이 제 전문성의 문제인지, 프로그램의 문제인지 수년을 고민해야 했습니다.

지금의 저는 이 일을 시작했을 때보다 훨씬 더 실력과 숙련도가 향상되었고 진행하는 프로그램도 더 견고하게 업그레이드되었습니다. 그럼에도 고객의 반응이 여전히 두 갈래로 갈리는 것은 이것이 단지 시스템적 문제가 아님을 알게 해 주었습니다. 오히려 저는 이미지 변신에 성공한 사람들과 그렇지 못한 사람들의 공통점을 찾았는데, 그것은 그들이 '비슷한 마음의 상태'를 가지고 있다는 점이었습니다. 이미지 변신에 성공한 사람들은 다음 두 가지 마음의 상태를 가지고 있었습니다.

첫 번째는 '간절함'입니다. 이미지 메이킹에 성공한 사람들은 공통적으로 변화를 바라는 간절한 마음이 있었습니다. 반면, 간절함 없이 누군가에 의해 억지로 끌려온 사람들은 잘 변화되지 않았습니다. 두 번째는 '신뢰'입니다. 전문가인 저를 신뢰하여 컨설팅대로 잘 따라와 준 사람들은 모두 이미지 메이킹에 성공했습니다. 그들은 제가 추천해 주는 스타일을 적극적으로 받아들이고 점차 자신들이 원했던 만족스러운 모습으로 변화되어 갔습니다. 그리고 그 결과는 긍정적인 삶의 변화로까지 확장되었습니다.

이와 반대로 변화가 더디거나 변화가 없는 사람들은 공통적으로 '고집'이 강했습니다. 그들은 고집스럽게 자신의 옛 스타일을 버리지 못했습니다. 또한 "이런 스타일은 피해 주세요"라고 스스로 변화의 한계를 정했습니다. 전문가에 대한 신뢰도도 높지 않아 '내가 정말 달라질 수 있을까?'를 끊임없이 의심하고 불안해했습니다. 사람은 누구나 자신이 입고 있는 옷에 따라 크고 작은 영향을 받습니다. 그래서 옷을 입는 것에 대하여 이렇게 고집을 부리거나 불안해하고, 또는 변화를 위하여 간절히 노력하는 것입니다.

정리하면, 진정한 변화란 마음의 간절함에서부터 시작되며 자신이 믿고자 하는 상대에 대한 신뢰를 기반으로 합니다. 즉, 변화의 성공도는 간절함과 신뢰의 정도에 비례하는 것입니다. 그렇다면 지금 당신은 어떻습니까? 진정 변화를 원하고 있습니까? 변화를 원한다면 이를 위하여 누구를 신뢰하고 있고, 또 어떤 간절함을 가지고 있습니까?

반쪽짜리 스타일링

당신이 아무리 잘 어울리는 최고급 스타일의 옷을 입었다 할지라도 그것은 '반쪽짜리 스타일링'에 지나지 않습니다. 그 이유는 어느 누구도 자신이 입은 옷에 백 퍼센트 만족하지 못하기 때문입니다. 또한 천으로 만든 옷은 반드시 '기한'이 있기 때문입니다. 옷이 기분 전환, 비즈니스의 성공, 관계 개선 등에 영향을 끼치는 것은 사실이나 이는 영원하지도, 완벽하지도 않은 반쪽짜리일 뿐입니다.

반쪽짜리 스타일링, 바로 이것이 제 스타일링 연수의 최종 깨달음입니다. 우리는 먼저 완벽한 의복과 스타일링이 없다는 사실을 인정해야 합니다. 그러면 우리가 진정 주목해야 할 것은 무엇일까요? 그것은 바로 '보이는 옷이 아닌 보이지 않는 옷'입니다. 보이는 것은 잠깐이요 보이지 않는 것은 영원하기 때문입니다.

> "우리가 주목하는 것은 보이는 것이 아니요 보이지 않는 것이니 보이는 것은 잠깐이요 보이지 않는 것은 영원함이라." 고린도후서 4:18

오랜 세월 동안 저는 보이는 옷에만 주목하며 살아왔습니다. "옷은 내 삶의 전부이고 나의 정체성이다." 이렇게 믿고 살아왔습니다. 그런데 보이는 옷에 집중하면 할수록 제 마음은 만족하기는커녕 더 갈급해져갔습니다. 저는 그 갈급함이 무엇인지 모른 채, 계속해서 옷을 사고 화려하게 꾸몄지만 제 안에 목마름은 결코 채워지지 않았습니다.

그러던 어느 날, 저는 성경을 통하여 '답'을 찾았습니다. 만일 지금 당신도 그 답을 찾길 원한다면 가장 먼저 필요한 것이 있습니다. 그것은 앞에서 나누었듯 간절한 마음과 믿는 대상인 성경의 저자에 대한 완전한 신뢰입니다. 성경의 저자이신 그분을 믿을 때, 당신의 반쪽짜리 스타일링은 완성될 것입니다.

"그가 피 뿌린 옷을 입었는데 그 이름은 하나님의 말씀이라 칭하더라." 요한계시록 19:13

지금부터 당신에게 완전하고 영원한 스타일링 방법을 소개하고자 합니다.

"믿음으로 모든 세계가 하나님의 말씀으로 지어진 줄을 우리가 아나니 보이는 것은 나타난 것으로 말미암아 된 것이 아니니라." 히브리서 11:3

chapter 3

나는 사랑이 끊어진 옷을 입고 있습니다

저는 직업병이 하나 있습니다. 그것은 어디를 가든지 옷을 잘 입은 사람과 못 입은 사람이 구분되어 보이는 것입니다. 그 기준은 명품 옷을 입은 사람과 값싼 옷을 입은 사람이 아닙니다. 그가 'TPO'에 맞게 옷을 입었는지 보는 것입니다. TPO란, 시간(Time), 장소(Place), 상황(Occasion)을 말합니다. 옷을 잘 입는 사람들은 다음 세 가지 규칙을 엄밀히 지킵니다.

TPO: 스타일링의 3요소

1. 시간(Time): 밤과 낮, 계절, 시간에 맞는 옷을 입었는가

2. 장소(Place): 장소에 적합한 옷을 입었는가

3. 상황(Occasion): 상황과 만나는 사람을 고려하여 옷을 입었는가

저는 TPO에서 '장소와 상황'을 아주 중요하게 생각합니다. 내가 갈 장소와 상황을 잘 파악하여 패션에 신경을 쓰면 좋은 스타일링을 할 수 있습니다. 하루 전이라도 미리 옷을 준비하면 더 좋습니다. 그러나 아무리 잘 준비해도 한계가 있습니다. 그것은 내가 입을 옷을 나 스스로 골라야 한다는 점입니다. '내가

입을 옷을 내가 준비한다'는 것, 그것은 만족보다 오히려 두려움을 주는 일입니다.

우리가 옷을 입을 때에 TPO를 고려해야 하는 이유 중 하나는 의복을 보면 그 사람의 마음 상태를 알 수 있기 때문입니다. '첫'이라는 단어를 떠올리면 이 말의 의미가 쉽게 와닿습니다. '첫사랑을 만나는 날', '첫 출근하는 날'과 같이 '처음'이라는 단어가 의미로 다가오면 우리는 의복부터 달라집니다. 당신 역시 이런 날에는 며칠 전부터 옷을 준비하는 등 신경을 많이 썼을 것입니다.

중요한 날을 앞두고 의상에 더욱 신경을 쓴다는 것은 옷이 우리의 마음가짐, 정체성과 연결되어 있다는 결정적 증거입니다. 우리는 마음을 다해 무언가를 준비하면 할수록 의복과 스타일에 더욱 신경을 쓰게 됩니다. 그래서 의복이 그 사람에 대해 알 수 있는 지표가 될 수 있는 것입니다.

세상에서 의복과 TPO에 가장 신경을 많이 쓰는 사람은 누구일까요? 아마도 결혼을 앞둔 신부일 것입니다. 신부는 길게는 예식 1년 전부터 웨딩드레스를 고릅니다. 그날에 가장 아름답게 보여야 하는 주인공이기 때문입니다. 그렇다면 때에 맞는 옷을 준비하도록 만드는 동기는 무엇일까요? 그것은 바로 '사랑'입니다. 사랑은 간절한 소망을 만들어 냅니다. 신부가 웨딩드레스를 준비하는 동기 역시 신랑을 향한 사랑입니다. 물론 웨딩드레스 자체가 사랑의 본질은 아닙니다. 그러나 본질로 인하여 보이는 형태로 드러나는 사랑의 결과물임은 분명합니다.

우리가 때에 맞는 옷을 입지 못하는 가장 궁극적인 이유는 사랑받아야 할 대상으로부터 받아야 할 사랑이 끊어졌기 때문입니다. 사랑이 끊어진 옷은 두려움의 갑옷밖에 만들어 내지 못합니다.

당신이 태어났을 때, 누가 당신의 몸을 닦아 주고 첫 옷을 입혀 주었는지 기억합니까? 아마도 너무 어렸을 때라 기억하지 못할 것입니다. 하지만 분명한 것은 누군가가 그렇게 해 주었기에 지금 당신이 존재한다는 사실입니다. 그렇다면 인류에게 사랑으로 첫 옷을 입혀 준 이는 누구일까요? 그를 아는 것, 그것이 바로 당신의 정체성을 찾는 출발점이 될 것입니다.

"내가 여호와로 말미암아 크게 기뻐하며 내 영혼이 나의 하나님으로 말미암아 즐거워하리니 이는 그가 구원의 옷을 내게 입히시며 공의의 겉옷을 내게 더하심이 신랑이 사모를 쓰며 신부가 자기 보석으로 단장함 같게 하셨음이라." 이사야 61:10

chapter 4

최초의 의상 디자이너는 누구인가요

유치원에 갈 때도 예쁘게 꾸미고 다녔던 저에게 옷은 친구이자 안식처였습니다. 옷의 진정한 의미를 깨닫기 전까지 세상에서 제공하는 패션은 제 삶의 전부였습니다. 돌아보면 그 오랜 시간은 참 진리를 만나기 위한 과정이었습니다.

지금부터 제가 당신에게 꼭 들려주고 싶은 이야기는 '옷의 진정한 의미'에 대한 것입니다. 이를 깨닫기 위해서는 먼저 사람이 언제부터 옷을 입게 되었는지 알아야 합니다. 그때는 지구가 처음 만들어진 태초로 거슬러 올라갑니다. 성경 창세기 1장 1절을 보면 "태초에 하나님이 천지를 창조하시니라"고 기록되어 있습니다.

이 세상은 당신이 받아들이든 그렇지 않든 사람의 지혜와 경륜으로는 가늠할 수 없을 만큼 견고하고 과학적으로 만들어졌습니다. 아니, 만들어졌다기보다 한 디자이너에 의하여 면밀한 설계도로 디자인되었다는 표현이 정확합니다. 그 디자이너는 바로 하나님이십니다.

저는 하나님께서 천지를 창조하신 것을 믿습니다. 이 일을 하면 할수록 하나님께서 만드신 이 세계가 얼마나 아름답고 오묘하게 디자인되었는가를 경험합니다. 천지만물은 하나님의 작품입니다. 그분의 아름다움은 핑계할 수 없고, 창조에 대한 어떠한 반박도 그분의 말씀을 이길 수 없습니다.

이 세상은 하나님의 말씀으로 엿새 만에 창조되었습니다. 창조의 첫째 날에 만들어진 것은 빛입니다.

"하나님이 이르시되 빛이 있으라 하시니 빛이 있었고." 창세기 1:3

여기서 '빛'은 히브리어 원어로 '오르'(אוֹר)입니다. 그 빛은 일반적으로 생각하는 태양빛이 아닌 하나님께로부터 나오는 생명력, 생명을 의미합니다. 하나님은 광명체인 태양을 만드시기 전에 먼저 빛의 근원인 오르를 창조하셨습니다.

그렇다면 참 빛은 무엇일까요? 바로 우리 예수님이십니다. 다음 말씀은 예수님이 빛이시라고 소개하고 있습니다. 이 세상은 빛이신 그분으로 말미암아 창조되었습니다.

"그가 태초에 하나님과 함께 계셨고 만물이 그로 말미암아 지은 바 되었으니 지은 것이 하나도 그가 없이는 된 것이 없느니라 그 안에 생명이 있었으니 이 생명은 사람들의 빛이라 … 참 빛 곧 세상에 와서 각 사람에게 비추는 빛이 있었나니 그가 세상에 계셨으며 세상은 그로 말미암아 지은 바 되었으되 세상이 그를 알지 못하였고." 요한복음 1:2-4,9-10

빛이 창조된 다음 날인 둘째 날에는 궁창, 셋째 날에는 바다, 땅, 식물이 창조되었습니다. 넷째 날에는 광명체인 해, 달, 별이 창조되었고 이를 통하여 날(day)이 생겨났습니다. 그렇게 넷째 날까지 구성된 것이 공간(space)이고, 다음 다섯째 날에는 그 공간을 채우는 하늘을 나는 조류와 바다에 사는 어류가 창조되었습니다. 그리고 마지막 여섯째 날에 짐승과 사람이 창조되었습니다.

여기서 중요한 것은 하나님께서 사람을 가장 마지막에 창조하셨다는 것입니다. 임산부가 출산 전에 태어날 아기를 위하여 필요한 모든 것을 준비해놓듯, 하나님은 모든 것을 완성하신 뒤에야 사람을 창조하셨습니다. 그리고 지으신 사람을 보시며 진심으로 기뻐하셨습니다.

성경은 우리를 사랑하시는 한 분, 즉 여호와 하나님을 소개하는 책입니다. 제가 그분을 당신에게 소개하는 이유는 하나님과 의복은 뗄래야 뗄 수 없는 관계이고, 그분이 바로 인류 최초의 의상 디자이너이시며 또한 인류의 마지막 옷을 만드실 분이기 때문입니다. 만일 당신이 그분을 만난다면 더 이상 반쪽짜리가 아닌 온전한 옷을 찾게 될 것입니다. 우주에서 가장 아름다운 예술가이자 디자이너이신 그분의 이름은 바로 '여호와'입니다.

"태초에 하나님이 천지를 창조하시니라." 창세기 1:1

chapter 5

나는 흙으로 돌아갈 존재일 뿐인가요

하나님이 창조하신 사람은 처음부터 사랑받는 존재였습니다. 당신 역시 그분의 사랑의 손길로 섬세하게 만들어진 걸작품입니다. 창세기를 보면 사람이 얼마나 큰 사랑을 받는 존재로 창조되었는지 알 수 있습니다.

> "하나님이 이르시되 '우리의 형상'을 따라 '우리의 모양대로' '우리'가 사람을 만들고 그들로 바다의 물고기와 하늘의 새와 가축과 온 땅과 땅에 기는 모든 것을 다스리게 하자 하시고 하나님이 자기 형상 곧 '하나님의 형상대로' 사람을 창조하시되 남자와 여자를 창조하시고." 창세기 1:26-27

이 말씀에서 주목해야 할 첫 번째 단어는 '우리'(we)입니다. 히브리어 원어로 "하나님이 이르시되"에서 나오는 '하나님'은 '엘로힘'(אֱלֹהִים)이고 '신들' 또는 복수(複數)로서의 하나님을 의미합니다. 즉, 삼위일체(三位一體, Trinity)의 하나님으로서 성부(聖父, the Father) 하나님, 성자(聖子, the Son) 예수님, 보혜사(保惠師, Counselor) 성령(聖靈, Holy Spirit)을 의미하는 것입니다. 삼위(三位)는 하나님께서 성부·성자·성령이라는 각각 구별된 세 분으로 존재하심을 보여 주고, 일체(一體)는 하나님께서 세 분이심에도 동시에 동일한 한 분 하나님이심을 보여 줍니다(「교회용어사전」, 생명의말씀사).

다음으로 주목해야 할 단어는 '우리의 형상'(our image), '우리의 모양대로'(our likeness)입니다. 이것은 부모를 꼭 빼닮은 자녀를 생각하면 이해하기 쉽습니다. 빼어 닮을 수 있는 조건은 오직 부모와 자식 간에만 가능하기 때문입니다. '형상'의 원어는 '첼렘'(צֶלֶם)이고 그 뜻은 '닮음, 그림자, 형상'입니다. 마치 그림자가 본체의 일부가 아닌 전체를 그대로 반영하듯 사람이 하나님의 형상을 그대로 닮은 존재임을 의미하는 것입니다.

우리는 결코 원숭이의 형상과 그 모양을 가진 존재가 아닙니다. 하나님은 그분의 형상대로 우리를 창조하셨고, 더욱이 우리 안에 그분 자신이 연합되도록 디자인하셨습니다. 즉, 그분이 함께 하지 않으시면 살 수 없는 존재로 만드셨습니다. 하나님은 흙으로 사람을 지으신 후에 생기를 불어넣으심으로 사람이 생명을 가진 존재요 하나님과 교제할 수 있는 영적 존재가 되게 하셨습니다.

또한 하나님은 우리를 조종의 대상이 아닌 사랑의 대상으로 창조하셨습니다. 우리가 시키는 대로 하는 로봇과 같은 존재로 살아가지 않고 자유의지를 따라 '예'와 '아니오'를 선택할 수 있게 하셨습니다. 저는 사람을 사랑의 대상으로 만드시고 자유의지를 허락하신 하나님의 마음을 조금은 알 것 같습니다. 어느 누가 강제로 상대방을 조정하여 자신을 사랑하도록 만들고 싶겠습니까? 그렇다면 이는 진정한 사랑이 아니고 그 안에는 아무 기쁨도 없습니다. 하나님은 사람을 로봇처럼 수동적인 존재로 만드셔서 그분을 무조건 따르도록 할 수 있으셨습니다. 그러나 그분은 우리를 소중히 여기고 사랑하셨기에 그렇게 하지 않으셨습니다.

하나님은 우리를 인격적으로 대하십니다. 우리를 조종과 통제의 대상이 아닌 사랑의 대상으로 바라보십니다. 그러나 우리는 아닐 수 있습니다. 하나님을 사랑할 수도 있고, 반대로 등질 수도 있습니다. 비극적이게도 우리는 그분을 등지는 쪽을 택했습니다. 하나님이 지으신 첫 사람인 아담과 하와가 하나님이 먹지 말라고 하신 선악과를 따먹었기 때문입니다. 그것은 하나님께서 사람에게 금지하신 단 한 가지였습니다.

"선악을 알게 하는 나무의 열매는 먹지 말라 네가 먹는 날에는 반드시 죽으리라." 창세기 2:17

하나님께서 선악과를 따먹지 말라고 명령하신 이유는 사람을 시험하시려는 것이 아니었습니다. 만일 사랑하는 사람이 당신에게 한 가지 약속만 지켜 달라고 한다면 당신은 어떻게 하겠습니까? 당신이 그를 진정으로 사랑한다면, 그 약속을 반드시 지킬 것입니다. 사랑하는 이를 결코 실망시키고 싶지 않을 것입니다. 또 다른 예로 부모가 외출하면서 냉장고에 있는 모든 것을 먹되 검은 음식은 먹지 말라고 했다면, 그것을 안 먹는 것이 정상입니다. 왜냐하면 이는 부모의 권위를 인정하는 문제이기 때문입니다. 하지만 아담과 하와는 사탄의 유혹에 넘어가 선악과를 따먹었습니다. 이는 사람을 만드신 하나님의 권위를 인정하지 않은 것에서 비롯된 불순종이었습니다.

선악과를 먹은 사건으로 인해 인류에 비극이 시작되었습니다. 앞에서 나누었듯 하나님은 사람을 창조하실 때, 코에 생기를 불어넣으셨고 그로 인하여 그분의 영이 우리 안에 거하게 되었습니다. 그런데 만일 생명이신 하나님이 떠나시면 우리는 어떻게 될까요? 흙으로 만들어진 육신만 남아 죽을 수밖에 없는 존재가 되고 맙니다. 생명이 떠나면 죽음뿐인 것입니다. 여기서 죽음은 영(spirit)의 죽음이 선행됩니다. 그리고 영·혼·육으로 구성된 사람의 가장 중심부인 영이 죽으면 몸도 죽을 수밖에 없습니다. 몸의 죽음은 영의 죽음의 결과인 것입니다.

"여호와께서 이르시되 나의 영이 영원히 사람과 함께 하지 아니하리니 이는 그들이 육신이 됨이라." 창세기 6:3

죽음은 결과이나 그 원인은 불순종으로 인한 하나님과의 관계 단절입니다. 만약 아담과 하와가 자신의 의지와 감정을 다하여 하나님을 사랑하고 순종했다면 우리에게 죽음이란 없었을 것입니다. 하지만 아담의 후손인 우리는 어떻습니까? 우리 역시 창조주를 생각하지 않고 내가 주인인양 살아갑니다. 눈에 보이는 세상 것을 붙잡고 싶습니다. 우리라고 선악과를 따먹지 않을 수 있었을까요?

하나님이 사랑하셔서 만든 존재가 창조자를 거절했습니다. 지금도 마찬가지입니다. 수많은 사람들이 하나님을 자기 마음에 두기 싫어하고 스스로 왕이 되려고 합니다. 그 마음이 어디서부터 시작되었는지도 모른 채, 삐거덕거리는 육체를 가지고 죽음을 향해 달려가고 있습니다. 세계적인 성공을 이루었다 해도 그 최후는 죄의 저주인 사망을 안고 흙으로 돌아가는 것뿐입니다.

불순종한 죄인이 입고 있는 육신의 옷은 결국 '사망의 옷'입니다. 지금 아무리 좋은 옷을 입고 있다 할지라도 최종 결과는 죽음입니다. 그래서 그 옷의 정체성은 '비참함'입니다.

"한 사람이 순종하지 아니함으로 많은 사람이 죄인 된 것 같이 한 사람이 순종하심으로 많은 사람이 의인이 되리라." 로마서 5:19

chapter 6

인류 최초의 의복은 가죽옷입니다

"아담과 그의 아내 두 사람이 벌거벗었으나 부끄러워 아니하
니라." 창세기 2:25

세상의 처음에는 패션이라는 것이 존재하지 않았습니다. 성
경은 태초의 사람인 아담과 하와가 벌거벗고 있었지만 부끄러
워하지 않았다고 증거합니다. 그 이유는 하나님과의 관계가 깨
지지 않고 완전했기 때문입니다. 그러나 아담과 하와가 사탄의
유혹에 넘어가 하나님이 금하신 선악과를 먹자, 인류에 '죄'가
들어왔습니다.

그때 아담과 하와가 죄를 짓고 제일 처음 한 행동은 벗은 몸
을 가리고 하나님으로부터 숨는 것이었습니다. 그들은 무화과
나무 잎을 엮어 수치를 가렸으나 나뭇잎으로 듬성듬성 엮어 만
든 그 가짜 의복은 그들의 수치심을 온전히 가리지 못했습니다.

"이에 그들의 눈이 밝아져 자기들이 벗은 줄을 알고 무화과나
무 잎을 엮어 치마로 삼았더라 그들이 그 날 바람이 불 때 동산
에 거니시는 여호와 하나님의 소리를 듣고 아담과 그의 아내

가 여호와 하나님의 낯을 피하여 동산 나무 사이에 숨은지라."

창세기 3:7-8

하나님 앞에서 아무 부끄러움 없이 교제를 나누던 그들에게 이제 하나님은 피하고 싶은 대상이 되고 말았습니다. 죄로 인하여 그분과의 관계가 깨져 버렸기 때문입니다. 죄는 그들의 마음에 완전한 평안 대신 수치심과 두려움이 자리 잡게 했습니다.

여기서 우리는 옷을 잘 입고 싶어 하는 근본적인 이유를 찾을 수 있습니다. 그것은 바로 수치심과 두려움 때문입니다. 아담과 하와가 무화과나무 잎을 엮어 수치를 가린 것처럼 우리는 무언가를 가리고 싶어 합니다. 벌거벗은 몸은 물론이고, 옷을 통하여 나이 드는 외모를 가리고 싶고, 가난을 가리고 싶고, 실패를 가리고 싶습니다. 인정하고 싶지 않더라도 이것은 분명한 사실입니다. 패션은 하나님과 우리와의 관계의 단절로 시작된 것이기 때문입니다. 우리가 영원한 아름다움을 담은 빛의 옷을 스스로 벗어 버렸기 때문입니다.

하나님의 영이 없는 인간은 필연적으로 두려움을 느낄 수밖에 없습니다. 아무리 화려하고 멋진 옷을 입고 있더라도 그 정체성은 사망일뿐입니다. 우리의 결국이 사망이라면 무슨 소망이 있겠습니까? 하지만 여기서부터 반전이 시작됩니다. 하나님은 스스로 가짜 옷을 만들어 수치를 가리고 있는 아담과 하와를 긍휼히 여기셔서 직접 옷을 지어 입히셨습니다.

"여호와 하나님이 아담과 그의 아내를 위하여 '가죽옷'을 '지어 입히시니라'." 창세기 3:21

　우리가 이 말씀에서 주목해서 보아야 할 것은 '가죽옷'과 '지어 입히시니라'입니다. 하나님이 직접 지어 입혀 주신 인류 최초의 완성된 의복은 가죽옷입니다. 요즘은 가죽 재킷을 흔하게 입지만, 그 처음 가죽옷의 디자이너는 'made by GOD'입니다.

　먼저 우리는 가죽옷의 생산 과정을 알아야 합니다. 가죽옷을 만들려면 짐승이 필요하고, 그 짐승은 피를 흘리고 죽어야 합니다. 즉, 가죽옷은 생명의 죽음, 즉 희생 없이는 불가능한 옷입니다. 그렇다면 왜 하나님은 짐승의 가죽으로 의복을 지어 입히셨을까요? 이것에 대해서는 다음 장에서 자세히 알아보겠습니다.

　하나님은 아담과 하와에게 가죽옷을 직접 만들어 입혀 주셨습니다. 이는 창조 때와 마찬가지로 사람을 특별히 여기시는 하나님의 사랑이라고밖에 설명할 수 없습니다. 우리는 누군가가 자신을 배신하면, 평생 원한을 가지고 용서하지 못하나 우리의 아버지 되시는 하나님은 우리를 영영히 버리지 않기로 작정하시고 희생을 통하여 수치를 가려 주셨습니다.

　어떻게 하나님은 우리 인간을 이토록 사랑하시는 것일까요? 그 이유는 하나님은 사랑이시기 때문입니다. 만일 지금 당신이 하나님을 믿지 않을지라도 그분은 여전히 당신을 사랑하고 계십니다.

"…하나님은 사랑이심이라." 요한일서 4:8

패션의 기원은 '사랑'과 '피'입니다. 패션은 사랑으로부터 시작되었습니다. 우리가 아름다운 옷을 입을 때에 일시적으로나마 만족감을 느끼는 이유는 바로 옷이라는 물질의 본질적인 기원과 기능이 사랑으로부터 시작되었기 때문입니다.

우리는 최초의 의복인 '가죽옷'에 대하여 진지하게 생각해보아야 합니다. 그 피는 누구의 것이며 그 희생이 어떠한 의미를 가지고 있는지 말입니다. 이에 대하여 알면 옷의 의미에 대한 새로운 시각이 열릴 것입니다.

성경의 주제는 '사랑'입니다. 성경은 하나님께서 죄로 인하여 사탄의 종이 된 그분의 자녀를 자신의 피의 희생으로 되찾으시는 하나님의 사랑 이야기입니다. 그리고 그 사랑의 시작이 바로 가죽옷입니다. 그렇다면 어느 누가 패션을 시작하신 분이 하나님이 아니라고 말할 수 있겠습니까!

"육체의 생명은 피에 있음이라 내가 이 피를 너희에게 주어 제단에 뿌려 너희의 생명을 위하여 속죄하게 하였나니 생명이 피에 있으므로 피가 죄를 속하느니라." 레위기 17:11

chapter 7

가죽옷은 희생이 필요합니다

우리는 하나님께서 아담과 하와에게 가죽옷을 지어 입히신 이유와 그 의미를 깨달을 때에야 비로소 반쪽짜리 스타일링과 작별할 수 있습니다.

하나님은 벌거벗은 것으로 인하여 두려워 숨은 아담을 부르시며 이렇게 말씀하셨습니다.

> "누가 너의 벗었음을 네게 알렸느냐 내가 네게 먹지 말라 명한 그 나무 열매를 네가 먹었느냐 아담이 이르되 하나님이 주셔서 나와 함께 있게 하신 여자 그가 그 나무 열매를 내게 주므로 내가 먹었나이다 여호와 하나님이 여자에게 이르시되 네가 어찌하여 이렇게 하였느냐 여자가 이르되 뱀이 나를 꾀므로 내가 먹었나이다 여호와 하나님이 뱀에게 이르시되 네가 이렇게 하였으니 네가 모든 가축과 들의 모든 짐승보다 더욱 저주를 받아 배로 다니고 살아 있는 동안 흙을 먹을지니라 내가 너로 여자와 원수가 되게 하고 네 후손도 여자의 후손과 원수가 되게 하리니 여자의 후손은 네 머리를 상하게 할 것이요 너는 그의 발꿈치를 상하게 할 것이니라." 창세기 3:11-15

하나님은 거짓으로 꾀어 선악과를 먹게 한 뱀에게 모든 짐승보다 더욱 저주를 받아 배로 다니고 살아 있는 동안 흙을 먹으라고 명하셨습니다. 또한 뱀을 여자와 원수가 되게 하시고 그 후손도 원수가 되게 하셨습니다. 여자의 후손은 뱀의 머리를 상하게 하고 뱀은 그의 발꿈치를 상하게 할 것이라고 명하셨습니다. 여기서 뱀의 머리를 밟는다는 것은 완전한 승리를 의미합니다. 하나님께서 하와, 즉 여자의 후손을 통하여 죄를 짓게 한 뱀의 머리를 밟아 최종 승리를 이루실 것을 직접 선포하신 것입니다. 이는 하나님께서 반드시 이루실 언약이었습니다.

세상의 통치권

하나님은 사람을 창조하시고 그들에게 복을 주시며 다음과 같이 말씀하셨습니다.

"하나님이 그들에게 복을 주시며 하나님이 그들에게 이르시되 생육하고 번성하여 땅에 충만하라, 땅을 정복하라, 바다의 물고기와 하늘의 새와 땅에 움직이는 모든 생물을 '다스리라' 하시니라." 창세기 1:28

여기서 '다스리라'의 히브리어 원어는 '통치하다, 정복하다'라는 뜻의 '라다'(רדה)입니다. 태초에 사람은 이 세상을 다스리도록 위임받은 왕 같은 존재였습니다. 세상을 다스리는 것은 하나님이 사람에게 위임하신 통치권이자 창조 목적의 중요한 원리였습니다. 그러나 죄로 인하여 사탄이 세상의 임금(요한복음 14:30)이 되어 다스리게 되었습니다.

우리는 하나님을 배반했지만 하나님은 우리를 버리지 않으셨습니다. 우리를 향한 사랑으로 죄인을 구원하실 계획과 그분의 나라를 회복하실 뜻을 가지고 계셨습니다.

> "한 사람의 범죄로 말미암아 사망이 그 한 사람을 통하여 왕 노릇 하였은즉 더욱 은혜와 의의 선물을 넘치게 받는 자들은 한 분 예수 그리스도를 통하여 생명 안에서 왕 노릇 하리로다." 로마서 5:17

언약의 보증

저는 하나님께서 가죽옷을 입고 에덴동산을 떠나는 사랑하는 자녀들의 뒷모습을 측은히 바라보시며 이렇게 말씀하지 않으셨을까 그려보곤 합니다.

"아담과 하와야, 너희를 위하여 지어 입힌 가죽옷을 바라보면서 나의 약속을 기억하여라. 지금은 죄가 우리 사이를 갈라놓았지만, 나는 반드시 너희를 되찾아 죄로부터 깨끗하게 할 것이다. 그러나 죄에는 반드시 대가가 필요하기에 누군가가 너희 대신 피를 흘려 죽을 것이다. 죄와 사망에서 구원받는 길은 죄 없는 생명의 죽음뿐이기 때문이다. 짐승의 피는 수치만 가릴 뿐, 나의 영이 너희와 함께 하고 너희를 사망에서 건지기 위해서는 완전한 희생이 필요하다. 그래서 죄 없는 나의 아들 예수가 너희 모든 죄를 지고 대신 죽을 것이다. 천지를 창조한 그가 친히 여자의 후손이 되어 너희를 위하여 피 흘려 죽을 것이다.

나는 예수의 희생을 통하여 너희를 죽음에서부터 영원히 건질 것이다. 그 언약을 보증해 주는 증표가 바로 가죽옷이다. 너희는 그 옷을 볼 때마다 나의 언약을 기억하여라. 여자의 후손을 통하여 반드시 뱀의 머리를 밟아 승리할 것이다. 너희를 사망에서 건질 구원자를 기다리며 그날을 사모하여라. 반드시 구원자가 올 것이다!"

'가죽옷'은 바로 하나님의 은혜의 언약을 보증해 주는 증표입니다. 하나님의 본체이신 독생자 예수 그리스도께서 십자가에 달려 피 흘려 죽으심으로 언약을 이루셨습니다.

"이것은 죄 사함을 얻게 하려고 많은 사람을 위하여 흘리는 바나의 피 곧 언약의 피니라." 마태복음 26:28

만약 지금 당신이 예수님을 믿지 않는다면 당신은 마귀의 자녀(요한일서 3:10 ; 요한복음 8:44)이고 사탄의 종입니다. 사탄과 함께 영원한 지옥에 갈 수밖에 없는 존재입니다. 그 이유는 당신이 죄를 지은 아담의 후손이기 때문입니다. 사탄의 종이 된 사람은 하나님의 영이 없습니다(로마서 8:9). 태어날 때부터 그렇습니다. 그의 운명은 비참하고 절망적입니다. 사탄은 우리를 어둠에 있게 하고 마침내 멸망시킵니다. 죽음의 공포 가운데 살아가게 합니다. 하나님의 영이 다스려야 하는 우리 마음과 생각과 몸을 무너뜨려 놓습니다.

> "너희는 너희 아비 마귀에게서 났으니 너희 아비의 욕심대로 너희도 행하고자 하느니라⋯." 요한복음 8:44
> "그러므로 한 사람으로 말미암아 죄가 세상에 들어오고 죄로 말미암아 사망이 들어왔나니⋯." 로마서 5:12
> "⋯죽음을 통하여 죽음의 세력을 잡은 자 곧 마귀를 멸하시며 또 죽기를 무서워하므로 한평생 매여 종 노릇 하는⋯." 히브리서 2:14-15

그렇다면 이제 우리는 어떻게 해야 할까요? 이미 죽음이 결정되었으니 마음대로 살면서 육체의 죽음을 기다려야 할까요? 절대 그렇지 않습니다. 몸이 죽어 흙으로 돌아간다고 해서 끝나는 것이 아닙니다. 예수님이 다시 오시는 마지막 날에 죽은 몸이 부활하여 우리 모두는 심판 받을 것입니다. 우리의 영원한 운명은 그때 영원한 천국에서 사느냐, 아니면 영원한 지옥에서 사느냐가 결정될 것입니다.

우리는 영원한 생명을 얻기 위하여 최초의 의복인 가죽옷을 기억하고 창조주 하나님 아버지께로 돌아가야 합니다.

> "믿음이 없어 하나님의 약속을 의심하지 않고 믿음으로 견고하여져서 하나님께 영광을 돌리며 약속하신 그것을 또한 능히 이루실 줄을 확신하였으니 그러므로 그것이 그에게 의로 여겨졌느니라." 로마서 4:20-22

하나님의 약속은 누구에게나 유효합니다. 더 정확히는 천지 만물을 지으신 하나님이 예수 그리스도의 피의 희생으로 당신이 입고 있는 비참한 사망의 옷을 벗기시고 생명의 옷으로 입히셨음을 믿는 그 믿음이 있는 자들에게 유효합니다. 이를 믿는 사람은 하나님의 언약 안으로 들어갈 것입니다.

> "그러므로 우리가 하나님을 사랑한 것이 아니라 하나님께서 우리를 사랑하셔서 자기 아들을 보내 우리를 죄에서 구원하는 제물로 삼아주셨습니다." 요한일서 4:10, 현대인의성경

chapter 8

가장 비싼 옷을 값없이 드립니다

스타일리스트가 좋은 옷을 구별하는 첫 번째 기준은 옷의 '품질'입니다. 품질이 좋은 옷은 물리지 않고 오래 입을 수 있습니다. 두 번째 기준은 브랜드의 가치 즉, '디자이너의 명성'입니다. 유명 디자이너가 만든 정교한 옷은 아무리 카피해도 똑같이 만들 수 없습니다. 마지막 기준은 품질대비 '가격'입니다. 옷의 품질이 아무리 좋고 브랜드가 유명해도 지불 능력이 없으면 살 수 없습니다. 그래서 가격은 차별을 가져옵니다. 가격으로 인해 누군가는 매일 명품을 입고 누군가는 평생 한 번도 입지 못합니다.

고객이 동행 쇼핑을 의뢰할 때, 제가 가장 먼저 요청하는 것이 바로 쇼핑 예산 계획서입니다. 그 예산 안에서 가장 좋은 옷을 고르는 것이 퍼스널 쇼퍼의 능력입니다. 관련하여 한 가지 팁을 드리면 절약 아이템이라고 하여 유행이 금방 지나가는 신발이나 액세서리, 그리고 흔히 구할 수 있는 기본 티셔츠처럼 가치가 적은 아이템에는 큰 금액을 투자하지 않는 것이 좋습니다.

스타일리스트가 가장 눈여겨보는 옷, 그리고 고객이 가장 만족해하는 옷은 앞에서 나누었듯 품질과 브랜드의 가치, 그리고 가격 이 세 가지 기준을 모두 최대한 만족시키는 옷입니다. 그래서 퍼스널 쇼퍼의 사명은 1년 365일 이 기준에 적합한 좋은 옷을 찾아다니는 것입니다.

값없는 가장 귀한 옷

만약 낡지 않아 영원히 입을 수 있고 최고의 명품 브랜드 택까지 달려 있는 옷이 공짜라면 어떻게 해야 할까요? 당장 달려가 그 옷을 취해야 하지 않을까요?

감사하게도 저는 '그 옷'을 가지고 있습니다. 그 옷은 무엇과도 바꿀 수 없는 가치가 있습니다. 그 옷은 절대 빼앗길 수 없고 아무도 빼앗을 수 없습니다. 그 옷은 특별한 장인이 만들어 값없이 주었기에 큰 감동이 있습니다. 저도 매일 그 감동 안에 살아가고 있습니다. 디자이너는 제게 값을 요구하지 않았습니다. 오히려 자신이 대신 지불하여 은혜를 베풀어 주었습니다. 그렇게 저는 그 옷을 영원히 소유하게 되었습니다.

이제 당신에게도 그 귀한 옷을 소개하고자 합니다. 그 옷은 바로 하나님이 약속하신 피의 옷, 생명의 옷인 '예수 그리스도의 옷'입니다. 우리를 죽음에서 구원하시기 위하여 이 땅에 오신 여자의 후손인 예수 그리스도의 옷입니다.

"너희가 다 믿음으로 말미암아 그리스도 예수 안에서 하나님의 아들이 되었으니 누구든지 그리스도와 합하기 위하여 세례를 받은 자는 그리스도로 옷 입었느니라." 갈라디아서 3:26-27

우리는 누군가를 사랑할 때, 그 사랑을 증명하고 싶어 합니다. 그래서 꽃을 주기도 하고 값비싼 선물을 하기도 합니다. 그렇다면 진실한 사랑을 확증할 수 있는 최고의 방법은 무엇일까요? 그것은 사랑하는 이를 위하여 자신의 목숨을 내어주는 것입니다.

"사람이 친구를 위하여 자기 목숨을 버리면 이보다 더 큰 사랑이 없나니." 요한복음 15:13

예수님이 그 최고의 사랑을 우리에게 나타내셨습니다. 죽어야 할 우리를 대신하여 자신의 목숨을 버리심으로 우리를 향한 그분의 사랑을 확증하셨습니다.

"우리가 아직 죄인 되었을 때에 예수 그리스도께서 우리를 위하여 죽으심으로 하나님께서 우리에 대한 자기의 사랑을 확증하셨느니라." 로마서 5:8

예수님은 하나님의 본체이시고 그분의 독생자 아들이십니다. 성부 하나님과 함께 천지 만물을 창조한 주이시고 천지의 주재이십니다. 그분은 죄가 없으신 분입니다.

"그는 근본 하나님의 본체시나 하나님과 동등됨을 취할 것으로 여기지 아니하시고 오히려 자기를 비워 종의 형체를 가지사 사람들과 같이 되셨고 사람의 모양으로 나타나사 자기를 낮추시고 죽기까지 복종하셨으니 곧 십자가에 죽으심이라." 빌립보서 2:6-8

하나님은 우리의 죄를 대속(代贖, 사전적 의미는 남의 죄를 대신하여 벌을 받거나 속죄함이며 예수님이 십자가에 못 박혀 죽음으로써 그 피로 인류의 죄를 대신 씻어 구원한 일을 말함)할 죄 없는 깨끗한 피가 필요하셨습니다. 피 흘림이 없이는 죄를 깨끗하게 할 수 없기 때문입니다. 그래서 하나님은 죄 없으신 그분의 아들 예수 그리스도를 여자의 후손인 처녀 마리아를 통하여 이 땅에 보내시고, 십자가의 죽음으로 모든 사람의 죗값을 대신 지불하게 하셨습니다.

"율법을 따라 거의 모든 물건이 피로써 정결하게 되나니 피흘림이 없은즉 사함이 없느니라." 히브리서 9:22

하나님께서 우리의 모든 죄를 아들 예수 그리스도에게 담당시키심으로 우리는 예수의 피로 말미암아 깨끗한 새 옷을 입게 되었습니다. 그 옷은 가장 귀한 예수님의 피로 씻겨진 옷입니다.

믿음으로 받는 선물, 예수 그리스도의 옷

남자를 가까이하지 않은 처녀 마리아는 하나님의 영 즉, 성령으로 예수님을 잉태하였습니다. 그것이 바로 예수님께서 죄인의 후손이 아닌 이유입니다.

"예수 그리스도의 나심은 이러하니라 그 어머니 마리아가 요셉과 약혼하고 동거하기 전에 성령으로 잉태된 것이 나타났더니 … 이 일을 생각할 때에 주의 사자가 현몽하여 이르되 다윗의 자손 요셉아 네 아내 마리아 데려오기를 무서워하지 말라 그에게 잉태된 자는 성령으로 된 것이라 아들을 낳으리니 이름을 예수라 하라 이는 그가 자기 백성을 그들의 죄에서 구원할 자이심이라 하니라." 마태복음 1:18,20-21

어쩌면 이 이야기가 잘 와닿지 않을 수 있습니다. 이 세상 어디에도 신이 인간이 되는 수치를 감당하거나 의인도 아닌 죄인을 위하여 죽기를 작정한 이야기는 없기 때문입니다. 그러나 이는 성경에서 증언하고 있는 역사적인 기록이자 완전한 사랑 이야기입니다. 그리스도의 옷은 우리를 죄에서 구원하시기 위하여 자신의 몸을 찢어 피 흘린 사랑의 옷입니다. 우리의 모든 허물을 덮어 주는 옷입니다.

오늘도 저는 명품숍 앞에 대기표를 끊고 줄을 선 많은 사람들을 봅니다. 만일 그들이 그리스도의 옷의 가치를 안다면, 그 옷을 사기 위하여 얼마나 애를 쓸까요? 하지만 그 옷은 아무나 가질 수 있는 것이 아닙니다. 오직 예수 그리스도를 믿는 믿음으로 소유할 수 있습니다. 오늘날 많은 사람들이 예수님을 거부하고 살아가지만, 적어도 이 책을 읽는 당신만큼은 이 귀한 옷을 믿음으로 입기를 소망합니다.

앞에서 나누었듯 퍼스널 쇼퍼의 사명은 합리적이면서도 좋은 품질의 옷을 고객에게 제안하는 것입니다. 그렇다면 가장 귀한 그리스도의 옷을 소개하는 것이야말로 제 사명을 온전히 감당하는 것이라 확신합니다. 저는 죽는 그 순간까지 이 생명의 옷을 전하고 싶습니다.

최고급 명품을 휘감고 있을지라도 그리스도의 옷을 입고 있지 않다면 그는 불행한 사람일 뿐입니다. 예수님을 믿으십시오! 그분을 믿는 모든 자는 예수 그리스도의 깨끗하고 아름다운 새 옷을 선물로 받을 것입니다. 지금이 바로 그 아름다운 옷을 소유할 때입니다.

"이르시되 내가 은혜 베풀 때에 너에게 듣고 구원의 날에 너를 도왔다 하셨으니 보라 지금은 은혜 받을 만한 때요 보라 지금은 구원의 날이로다." 고린도후서 6:2

chapter 9

그 옷을 입으면 신분이 바뀝니다

"그가 우리를 흑암의 권세에서 건져내사 그의 사랑의 아들의 나라로 옮기셨으니 그 아들 안에서 우리가 속량 곧 죄 사함을 얻었도다." 골로새서 1:13-14

우리 모두는 '죄로 물든 죽음의 옷' 아니면 '죽음을 이기는 생명의 옷' 둘 중 하나를 입고 있습니다. 만일 지금 당신이 죽음을 이기는 생명의 옷을 입고 살아간다면, 이 세상에서 가장 허름한 옷을 입고 있을지라도 낙심할 필요가 없습니다. 생명의 옷은 믿음으로 소유할 수 있는 가장 최고의 의복이기 때문입니다. 돈으로도, 권세로도 살 수 없는 영원히 낡지 않는 옷이기 때문입니다. 말로 형용할 수 없는 그 놀라운 옷을 친히 준비해 주신 분이 바로 우리의 창조주 하나님이십니다. 아담과 하와에게 직접 가죽옷을 입혀 주신 하나님께서 우리를 위하여 영원한 '의(righteousness)의 옷'을 준비하셨고, 그 옷을 입는 자마다 신분이 완전히 바뀌게 될 것입니다.

많은 사람들이 이 놀라운 소식에 반응하지 않는 이유는 의의 옷을 통하여 자신의 신분이 어떻게 바뀌는지 잘 알지 못하기 때문입니다. 실제로 옷의 큰 기능 중 하나는 그 옷을 입은 사람의 정체성과 신분을 나타내는 것입니다. 옛적부터 신분이 높은 사람일수록 더 좋은 옷을 입었고 지금도 마찬가지입니다. 우리가 사는 세상은 끊임없이 더 좋은 옷을 입기 위하여 일생을 발버둥 칩니다. 하지만 정작 신분을 바꿀 수 있는 진리에 이르지는 못합니다.

하나님과의 관계가 끊어져 있는 사람의 신분은 사탄 아래에 있는 '진노의 자녀'입니다. 그리스도로 옷 입고 있지 않은 사람은 예수님이 이 땅에 다시 오실 마지막 심판 날에 사탄과 함께 영원한 지옥으로 갈 것입니다.

"전에는 우리도 다 그 가운데서 우리 육체의 욕심을 따라 지내며 육체와 마음의 원하는 것을 하여 다른 이들과 같이 본질상 진노의 자녀이었더니 … 허물로 죽은 우리를 그리스도와 함께 살리셨고 너희는 은혜로 구원을 받은 것이라." 에베소서 2:3,5

사람은 본능적으로 거룩하신 하나님을 피해 숨습니다. 죄를 지은 아담의 후손, 즉 죄인이기 때문입니다. 그러나 생명의 근원으로부터 등을 돌리는 것, 그것의 결과는 영원한 죽음뿐입니다. 그러면 이 비참한 운명을 그저 받아들이고 살아가야 할까요? 진노의 자녀라는 이 끔찍한 신분을 바꿀 수는 없을까요?

천지를 만드신 하나님은 우리를 결코 버리지 않으십니다. 하나님은 사랑이십니다. 그분은 우리의 죄를 용서하시고 우리의 신분을 바꿔 주시기 위하여 이미 창세 전에 아들 예수 그리스도의 희생을 결정하신 분입니다(에베소서 1:4). 이는 우리의 신분을 바꾸는 새로운 법입니다. 하나님의 아들 예수 그리스도를 믿으면 영원한 생명을 얻습니다. 하나님은 그리스도를 믿기만 하면 그 즉시 '영원히 죽지 않는 옷'을 입혀 주시고 우리의 신분을 바꿔 주십니다. 그 옷은 우리의 죽은 영을 살려 육체의 죽음도 영원한 생명으로 바꿀 수 있는 유일한 의복입니다.

> "그가 우리에게 약속하신 것은 이것이니 곧 영원한 생명이니라." 요한일서 2:25
> "내가 진실로 진실로 너희에게 이르노니 내 말을 듣고 또 나 보내신 이를 믿는 자는 영생을 얻었고 심판에 이르지 아니하나니 사망에서 생명으로 옮겼느니라." 요한일서 2:25
> "누구든지 그리스도와 합하기 위하여 세례를 받은 자는 그리스도로 옷 입었느니라." 갈라디아서 3:27

그리스도로 옷 입어 신분이 바뀐다는 말은 '하나님의 자녀'가 된다는 의미입니다. 또한 하나님의 자녀가 된다는 것은 그분의 모든 것을 상속받는다는 것을 뜻합니다. 단순히 수치와 두려움을 가리는 것을 넘어, 영원한 나라와 상속권에 대한 약속을 받는 것입니다. 그분의 자녀는 온 땅의 주인이신 하나님의 아름다운 새 땅을 유업으로 받을 것입니다.

> "그러므로 네가 이 후로는 종이 아니요 아들이니 아들이면 하나님으로 말미암아 유업을 받을 자니라." 갈라디아서 4:7

죄인인 우리의 신분이 바뀌어 하나님의 자녀가 되는 유일한 길은 믿음으로 예수 그리스도로 옷 입는 방법뿐입니다. 그 외에 다른 길은 없습니다. 오직 예수님만이 구원의 길이 되십니다. 우리는 예수님을 믿음으로써 죄인의 옷을 벗고 의의 옷을 취해야 합니다. 그러나 믿는 모든 사람에게 선물로 주시는 의의 옷을 끝까지 거부하면 죄를 용서받을 수 없습니다.

> "불의를 행하는 자는 그대로 불의를 행하고 더러운 자는 그대로 더럽고 의로운 자는 그대로 의를 행하고 거룩한 자는 그대로 거룩하게 하라 보라 내가 속히 오리니 내가 줄 상이 내게 있어 각 사람에게 그가 행한 대로 갚아 주리라." 요한계시록 22:11-12

믿으면 입게 되는 왕의 옷

> "영접하는 자 곧 그 이름을 믿는 자들에게는 하나님의 자녀가 되는 권세를 주셨으니." 요한복음 1:12

앞에서 나누었듯 외적인 이미지를 확실히 바꾸기 위해서는 변화에 대한 간절함과 스타일리스트를 향한 온전한 신뢰가 필요합니다. 자기 고집과 불신은 변화를 가져오지 못합니다. 외적인 변화도 이러한데 하물며 죽음에서 생명으로 옮기시는 하나님에 대해서는 어떠해야 하겠습니까? 우리는 그분을 온전히 믿어야 하고 그분을 갈망해야 합니다. 저는 제 자신이 하나님 없이는 먼지 같은 존재일 뿐임을 깨달은 후로 그분을 더욱 깊이 갈망하게 되었습니다. 또한 그분을 믿으면 왕의 자녀가 된다는 것을 깨닫게 되었습니다.

당신이 왕이신 하나님의 자녀가 되는 조건은 오직 예수 그리스도를 믿는 믿음뿐입니다. 당신이 붙들어야 할 이름은 '예수 그리스도'입니다. 사실 이 믿음마저도 우리에게서 나올 수 없습니다. 만약 이러한 믿음이 당신 안에 살아 움직이고 있다면, 그것은 은혜의 하나님께서 일하고 계신다는 증표입니다. 이제 더이상 다른 무언가가 당신의 신분을 바꿔 줄 것이라는 거짓말에 속지 마십시오.

저와 함께 한 많은 고객 분들이 스타일이 변하니 삶이 행복하고 풍요로워졌다고, 자존감이 높아졌다고 고백합니다. 하지만 진정한 자존감의 회복은 육신의 겉옷으로 바뀌지 않습니다. 옷으로 인한 긍정적인 변화는 금세 시들고 맙니다. 진정한 자존감의 회복은 내가 왕의 자녀임을 깨달을 때에야 비로소 가능합니다(베드로전서 2:9).

저는 고객들의 이미지가 바뀌고 스타일이 향상되는 것을 볼 때마다 진심으로 기쁩니다. 그런데 이와 동시에 마음이 아프기도 합니다. 제가 하는 일 자체가 영을 살릴 수는 없기 때문입니다. 죽은 영을 살리실 수 있는 분은 참 영이신 하나님뿐입니다. 우리를 디자인하신 그분만이 우리를 살리실 수 있습니다. 그분만이 우리의 진정한 스타일리스트가 되십니다. 그분은 지금도 여전히 살아 계시는 우리의 하나님입니다.

"주는 영이시니 주의 영이 계신 곳에는 자유가 있느니라." 고린도후서 3:17

예수님을 만난 직후, 저는 외모의 변화에 매여 참 자유를 모르고 살아가는 이들을 볼 때마다 마음이 아프고, 겉모습에 치중할 수밖에 없는 이 일에 회의가 들기도 했습니다. 그럴 때마다 그들을 사랑하시는 하나님의 마음으로 간절히 기도했고, 그들이 하루 빨리 구원의 옷을 입을 수 있길 간절히 바랐습니다.

그러던 어느 날, 천국에 관한 성경말씀을 읽는 중 제 안에 한 열정이 끓어올랐습니다. 그것은 영원한 생명의 옷에 대하여 전하지 않으면 견딜 수 없는 마음이었습니다. 저 또한 진노의 자녀에서 하나님의 자녀로 변화되었습니다. 저는 이 책을 읽는 당신도 그 은혜를 값없이, 그리고 한없이 누리기를 소망합니다.

썩어질 세상 옷을 향하여 달려나가기 전에 당신의 생명이 달린 이 문제를 두고 잠시 멈춰 서십시오. 지금 당신이 그리스도로 옷 입고 있느냐 아니냐를 확인하는 것보다 더 중요한 것은 없습니다.

이제 예수 그리스도를 당신의 구원자로 받아들이십시오. 그분이 이 땅에 인간의 몸으로 오셔서 당신의 모든 죄를 대신 지시고 십자가에 달려 죽으셨음을 믿으십시오. 그러면 우리를 죄와 사망의 법에서 그리스도 예수 안에 있는 영원한 생명의 성령의 법으로 옮기신 분이 당신의 모든 죄악과 더러움을 용서해 주실 것입니다. 사랑하는 당신을 그분의 자녀로 삼아 주실 것입니다. 그분이 원하시는 것은 당신을 향한 심판이 아니라 구원입니다. 지금 이 시간, 당신이 그 구원의 옷을 입기를 간절히 소망합니다.

"이는 그리스도 예수 안에 있는 생명의 성령의 법이 죄와 사망의 법에서 너를 해방하였음이라." 로마서 8:2

chapter 10

생명의 배냇저고리는 사랑입니다

얼마 전에 저는 예쁜 딸을 낳았습니다. 그리고 제 삶은 딸을 낳기 전과 후로 완전히 나뉘었습니다. 삶의 많은 영역이 바뀌었는데, 그중 가장 큰 변화는 살아 계신 하나님을 이해하고 아는 지식에 관한 것입니다. 저는 모태신앙(어머니의 태 안에서부터 물려받아 믿게 된 신앙)으로 어릴 때부터 하나님을 믿었지만, 그분이 나를 왜 사랑하시는지 머리가 아닌 마음으로 깊이 느끼기 시작한 것은 딸을 임신한 순간부터였습니다. 저는 제게 허락하신 소중한 자녀를 통하여 제게 생명을 주시려고 아들 예수 그리스도를 십자가에서 못 박으신 하나님 아버지의 사랑을 깨닫게 되었습니다.

태아는 엄마 배 속에서 탯줄을 통하여 엄마의 피와 영양분을 공급받으면서 열 달 동안 자랍니다. 엄마는 자신의 몸속 영양분을 태아에게 주기에 자주 빈혈에 시달리게 되는데 이때 철분제를 먹지 않으면 위험합니다. 저도 딸을 가진 열 달 동안 환자였습니다. 머리도 아프고, 허리도 아프고, 입덧으로 통 먹지 못해 괴로웠습니다. 참고로 저는 딸을 낳기 직전까지 심한 입덧을 했습니다.

그런데 한 가지 신기했던 점은 그렇게 괴로워하다가도 태아가 잘 자라고 있다는 말을 들으면 전에 알지 못했던 기쁨을 느꼈다는 것입니다. 그것은 평소 저라는 사람에게서 나올 수 없는 감정이었습니다. 저는 제가 최우선인 사람이었기 때문입니다. 제가 '아이를 위하여 죽을 수도 있겠다', '아프더라도 아이만 잘 자라주면 다 괜찮다'라고 생각한 것은 기적이었습니다.

저는 자녀를 낳아 기르면서 예수님의 십자가 사랑을 더욱 깊이 깨달았습니다. 엄마가 배 속 아기에게 자신의 영양분과 피를 공급하고 출산할 때에 자신의 목숨을 걸듯 예수 그리스도는 우리에게 생명을 주시기 위하여 그분의 모든 피를 쏟고 돌아가셨습니다. 실제로 성경은 예수님이 죽으실 때, 그 몸의 모든 물과 피를 쏟으셨다고 기록하고 있습니다(요한복음 19:34). 예수님은 우리에게 자신의 일부가 아닌 전부를 주셨습니다. 이것이 사랑이 아니면 무엇이겠습니까?

예수님은 죽을 수밖에 없는 우리를 영원한 생명으로 다시 낳으시기 위하여 자신의 물과 피를 다 쏟으셨습니다. 그분의 죽음은 우리의 생명이 되었습니다. 배 속에 아이가 없다면 엄마는 임신 기간 동안 아플 필요도, 물과 피를 쏟는 출산의 고통을 경험할 필요도 없습니다. 저도 딸이 없었다면 해산의 고통을 느낄 필요가 없었을 것입니다.

하지만 저는 고통의 끝에서 생명을 보았고 그 순간 가장 큰 기쁨을 경험했습니다. 다시 돌아간다 해도 저는 고통을 택하고 딸을 낳을 것입니다. 생명이 주는 기쁨이 오히려 저를 살렸기 때문입니다. 저는 십자가에서 죽으신 예수님의 마음이 이와 같지 않으셨을까 감히 헤아려 봅니다.

사랑으로 준비한 배냇저고리

저는 임신 중에 하루도 힘들지 않은 날이 없었지만, 태어날 아이가 입을 '옷'을 준비해놓기 위하여 최선을 다했습니다. 첫아이라 무엇부터 준비해야 할지 몰라 막막했음에도 본능적으로 아기가 처음 입을 '옷'을 준비해야 한다고 느낀 것 같습니다. 제가 제일 먼저 준비한 옷은 '배냇저고리'라고 불리는 신생아의 '처음 옷'이었습니다.

배냇저고리는 한 달도 입지 못하고 서랍 속으로 들어가는 기한이 짧은 옷이었지만 저는 좋은 소재로 만들어진 가장 비싼 옷을 준비했습니다. 그저 사랑하는 딸에게 가장 좋은 옷을 입혀주고 싶은 마음뿐이었습니다. 그때를 돌아보면 '혹시 천이 안 좋아서 여린 아기 몸에 상처라도 나면 어떡하지' 하고 계속 걱정했던 기억이 납니다.

출산 한 달 전, 저는 배냇저고리를 정성껏 다림질했습니다. 그때 편하게 사용하는 스팀다리미가 아닌 손이 많이 가는 구식 다리미를 얼마 만에 만져 봤는지 모릅니다. 제게 그 과정이 귀찮고 지루했을까요? 결코 아닙니다. 저는 지금도 그때를 가장 행복한 순간으로 간직하고 있습니다. 부모가 자녀에게 가장 좋은 옷을 입혀 줄 때의 그 기쁨은 아무도 빼앗을 수 없는 것이었습니다. 그렇게 저는 부모가 되어 가면서 하나님 아버지의 마음을 조금씩 깨달아 가게 되었습니다.

사실 당신에게 가장 좋은 옷을 입히길 원하시는 하나님 아버지의 마음은 제가 딸의 배냇저고리를 준비해서 입힌 것과 감히 비교할 수 없는 것입니다. 저는 자녀를 위하여 직접 배냇저고리를 만들지도 않았고, 제 몸을 찢지도 않았습니다. 그러나 하나님이 손수 지어 입혀 주신 옷은 그분의 아들인 예수 그리스도의 희생이 있었습니다. 그 안에는 피와 희생, 아픔과 인내, 그리고 사랑의 기다림이 있었습니다.

하나님은 당신에게 그분의 몸을 찢어 배냇저고리를 만들어 주셨습니다. 우리가 예수 그리스도를 만나 다시 태어날 때, 하나님은 예수님의 생명의 배냇저고리를 직접 입혀 주실 것입니다. 사랑이 아니면 어찌 이것이 가능하겠습니까? 하나님은 사랑이십니다!

"내가 네 곁으로 지나며 보니 네 때가 사랑을 할 만한 때라 내 옷으로 너를 덮어 벌거벗은 것을 가리고 네게 맹세하고 언약하여 너를 내게 속하게 하였느니라 나 주 여호와의 말이니라." 에스겔 16:8

칭의의 옷을 입히다

누구든지 주의 이름을 부르는 자는 구원을 받으리라 하였느니라

사도행전 2:21

당신은 죄인임을 인정합니까? 첫 사람 아담이 죄를 지음으로 그의 후손인 우리 모두는 하나님과의 관계가 끊어졌고, 그 한 사람으로 말미암아 세상 모든 사람이 죄인이 되었습니다. 그러나 하나님은 영원 전부터 우리를 구원하시기 위한 계획을 가지고 계셨습니다.

2천년 전, 예수님은 사람의 모습으로 우리를 찾아오셨습니다. 우리의 모든 죄를 지고 죽으시기 위하여 성령으로 잉태되어 이 땅에 태어나셨습니다. 그분은 하나님의 아들 예수 그리스도이시며 그 이름은 '하나님이 구원하신다'라는 뜻입니다.

죄가 없으신 예수님은 죄로 인하여 죽을 수밖에 없는 당신을 대신하여 십자가에 못 박혀 돌아가시고 사흘 만에 부활하셨습니다. 하나님은 당신이 받아야 할 심판을 사랑하는 아들 예수 그리스도에게 담당시키셨고, 예수님은 하나님께 순종함으로 당

신의 죗값을 그분의 피로 모두 지불하셨습니다. 그 귀한 피로 당신을 사셨습니다. 예수님은 십자가에 달려 당신을 위하여 모든 물과 피를 쏟으셨습니다.

우리는 구원자이신 예수님을 마음으로 믿고 입으로 시인하면 구원을 받습니다. 영생, 즉 영원한 생명을 얻습니다. 하나님의 자녀가 됩니다. 예수님과 하나 되어 아무 흠이 없고 아름답고 순결한 의인이 됩니다(아가서 4:7). 죄인에서 의인으로 신분이 변화됩니다. 죄와 죽음으로부터 해방되어 생명을 얻습니다.

에베소서 2장 8-9절은 "너희는 그 은혜에 의하여 믿음으로 말미암아 구원을 받았으니 이것은 너희에게서 난 것이 아니요 하나님의 선물이라 행위에서 난 것이 아니니 이는 누구든지 자랑하지 못하게 함이라"고 말씀하고 있습니다. 구원은 결코 우리 스스로 도달할 수 있는 영역이 아닙니다. 오직 하나님의 전적인 사랑과 은혜로 이루어지는 '칭의'(稱義, justification)입니다. 즉, 의롭지 않은 우리를 의롭다고 칭하여 주시는 것입니다.

행위로서 구원받을 수 있는 사람은 지구상에 단 한 명도 존재하지 않습니다. 사람은 하나님의 구원이 절대적으로 필요한 존재이며 결코 스스로를 구원할 수 없습니다. 구원은 오직 '믿음'으로만 가능합니다. 만약 지금 당신이 예수님을 믿게 되었다면, 이는 제가 당신을 설득해서가 아니라 하나님께서 당신에게 값없이 주신 은혜이자 선물입니다.

> "그리스도 예수 안에 있는 속량으로 말미암아 하나님의 은혜로 값 없이 의롭다 하심을 얻은 자 되었느니라." 로마서 3:24

무언가를 얻으려면 반드시 값을 지불해야 합니다. 예수님도 당신을 의롭게 하시기 위하여 자신의 생명으로 그 값을 치르셨습니다. 그것이 하늘의 원리입니다. 만물의 주인이신 하나님은 사랑이실 뿐 아니라 공의로우신 분이기 때문입니다.

그러나 하나님은 당신의 죗값을 당신이 아닌 자신의 아들에게 지불하도록 하셨습니다. 이는 하나님의 전적인 은혜입니다. 당신은 그 은혜로 말미암아 의인이 되었습니다. 만약 구원을 받기 위하여 당신이 값을 지불해야 했다면, 이는 결코 은혜가 될 수 없습니다.

이제 당신은 칭의를 통하여 진노의 자녀에서 하나님의 자녀로 신분이 바뀌었으며 하나님을 아바 아버지라 부를 수 있게 되었습니다. 하나님 아버지의 모든 것을 유업으로 받게 되었습니다.

당신이 예수 그리스도를 마음으로 믿고 진정으로 거듭나면 일평생 그 은혜에 감동하지 않을 수 없을 것입니다. 지금까지 지은 죄에 대하여 슬퍼하지 않거나 회개하지 않을 수 없을 것입니다. 죄를 미워하지 않을 수 없을 것입니다. 더 이상 삶을 헛되이 살아갈 수 없을 것입니다. 그러니 이제 예수 그리스도를 '나의 구주, 나의 하나님'으로 영접하십시오.

"영접하는 자 곧 그 이름을 믿는 자들에게는 하나님의 자녀가 되는 권세를 주셨으니." 요한복음 1:12

칭의는 법적인 최종 선포입니다. 단순히 용서를 넘어 처벌을 제하고 법적으로 자유한 신분을 부여받는 것입니다. 칭의는 예수님을 믿는 즉시 이루어지며 그때 회개, 믿음, 결단 등의 부르심이 함께 일어납니다. 우리는 이것을 거듭남 또는 다시 태어남(Born from above, Born again)이라고 부릅니다. 거듭난 우리는 성령을 통하여 영원히 사는 영적 존재가 되고 하나님과의 관계가 회복됩니다. 하나님은 영이시기에 우리의 영이 회복되는 것입니다.

"예수께서 대답하시되 진실로 진실로 네게 이르노니 사람이 물과 성령으로 나지 아니하면 하나님의 나라에 들어갈 수 없느니라." 요한복음 3:5

당신은 영적인 존재로 다시 회복되어 새로운 생명으로 살아
가길 원하십니까? 예수 그리스도를 구주로 영접하길 원하십니
까? 그렇다면 다음에 나오는 기도를 진심으로 따라해 주시길
바랍니다.

사랑과 공의의 하나님,
저는 죽어야 할 죄인임을 고백합니다.

지금까지 저는
왜 살아야 하는지 어디로 가야 하는지
알지 못한 채 방황하며 살아왔습니다.
인생의 주인이 제 자신이라 여기며 살아왔습니다.

살아 계신 하나님,
이러한 죄인을 구원하시기 위하여
예수 그리스도를 이 땅에 보내주셔서 감사합니다.

이제 저는 죄 없으신 예수님이
죽어야 할 저를 살리시고 영생을 주시기 위하여
십자가에서 달려 돌아가시고 사흘 만에 부활하셔서
승천하신 것을 믿습니다.

지금 이 시간,

마음 문을 열고 예수님을 나의 구주로 영접합니다.

지금까지 지은 모든 죄를 회개합니다.

제가 예수님의 말씀을 따라

하나님의 거룩한 자녀로 살아가도록 인도해 주세요.

예수 그리스도의 이름으로 기도합니다. 아멘.

유일한 옷 그리스도

천년 같은 하루가
하루 같은 천년이
시간을 넘어

내게 입혀져 내린
불변의 사랑이 담긴 선물
마음의 파도가 출렁여
눈물이 치고 나온 강렬한 선물

죽어버린 나를
살 수 없는 나를
소생시킨 영원히 빛나는
유일한 옷

사랑 없이는
희생 없이는
입혀질 수 없는

믿음 없이는
어린양 없이는
만들어질 수 없는

값없이 주어진
유일한 옷
예수 그리스도

_신여호수아

2

당신을 야름답게 빚어가는

성화의 옷

갓난아기들 같이 순전하고
신령한 젖을 사모하라 이는 그로 말미암아
너희로 구원에 이르도록 자라게 하려 함이라

베드로전서 2:2

chapter 11

옛 옷은 미련 없이 버려야 합니다

퍼스널 스타일리스트가 가장 많은 시간과 정성을 쏟는 일은 고객과의 동행 쇼핑입니다. 이때 고객은 스타일리스트가 그의 직업, 분위기, 체형, 예산 등에 맞는 옷을 얼마나 잘 찾느냐에 따라 이미지에 큰 변화를 얻습니다. 하지만 딱 맞는 옷을 찾아드려도 '옛 옷에 대한 미련'을 버리지 못해 변화가 힘든 고객도 있습니다. 구입한 새 옷과 전에 입던 옛 옷을 함께 섞어 입는 경우가 그렇습니다.

제가 이미지 컨설팅을 하면서 느끼는 것은 대부분의 사람들이 자신의 체형, 자신에게 어울리는 색과 디자인이 무엇인지 모른다는 점입니다. 그래서 결과적으로 자신과 조화를 이루지 못하는 옷을 계속 입게 되는 것입니다. 자신에 대하여 잘 모르면 맞지 않는 옷을 입게 되는 것이 당연합니다. 그런데 문제는 여기서부터 시작됩니다.

저는 동행 쇼핑을 마친 후, 고객에게 꼭 당부하는 한 가지가 있습니다.

"예전에 입었던 옷은 더 이상 입지 마시고 과감히 버리세요. 새로운 스타일에 적응할 수 있도록 새 옷과 새 액세서리 위주로 스타일해 주세요."

자신과 어울리지 않는 옛 옷과 자신과 가장 잘 어울리는 새 옷을 혼합해서 스타일링하면 아주 이상한 패션이 되고 맙니다. 자신과 아무리 잘 어울리는 옷을 가지고 있더라도 옛 옷과 함께 입는 순간 최악의 스타일링이 되고 마는 것입니다. 새 옷과 옛 옷을 함께 입느니 차라리 전부 다 옛 옷으로 입는 편이 낫습니다.

신앙도 마찬가지입니다. 옛것과 새것이 결코 혼합되어서는 안 됩니다. 우리는 믿음으로 그리스도의 '새 옷'을 입고 거룩한 하나님의 자녀가 되었습니다. 옛 옷을 입고 있던 죄인은 예수님과 함께 십자가에 못 박혀 죽었습니다. 이는 우리의 행위로 이뤄진 것이 아닌 전적인 하나님의 은혜입니다. 이제 우리는 예전에 입고 있던 사망의 옷을 내어던져 버려야 합니다.

때로 우리는 생명의 옷을 입고 있음에도 "다시 옛 옷을 입고 싶어!"라고 외치곤 합니다. 그 이유는 나의 옛 자아와 본능이 자꾸 옛 삶으로 돌아가고 싶어 하고, 더러운 죄인의 옛 옷을 입고 싶어 하기 때문입니다. 그러나 이는 의의 옷을 입히기 위하여 피 흘리신 예수님을 다시 십자가에 못 박는 것이며 하나님 아버지의 마음을 아프게 하는 것입니다.

지금 우리가 입고 있는 새 옷은 결코 값싼 옷이 아닙니다. 성경은 옛 자아의 육신의 몸을 십자가에 못 박으라고 선포하고 있습니다. 하나님께 불손종하고 싶은 사망의 몸은 옛 옷이고, 그 사망의 옷에 미련을 두는 한 우리는 새로워질 수 없습니다.

"그리스도 예수의 사람들은 육체와 함께 그 정욕과 탐심을 십자가에 못 박았느니라." 갈라디아서 5:24

이제 우리는 매일 죄와 싸워야 합니다. 그 싸움은 내 안에 육체의 소욕과 성령의 소욕이 서로 대적하며 일어나는 것입니다. 사람은 본질상 하나님께 불순종하는 죄인이므로 죽음을 통하여 사망의 몸을 완전히 벗어버리는 그날까지 우리는 계속해서 죄와 싸워야 합니다.

"육체의 소욕은 성령을 거스르고 성령은 육체를 거스르나니 이 둘이 서로 대적함으로 너희가 원하는 것을 하지 못하게 하려 함이니라." 갈라디아서 5:17

사망의 옷과 생명의 옷

우리는 옛 옷을 버려야 합니다. 하나님을 대적하고 불순종하는 죄인의 옷을 버려야만 하나님께서 우리를 창조하신 원래의 목적대로 살아갈 수 있습니다.

"자기 '목숨'을 얻는 자는 잃을 것이요 나를 위하여 자기 '목숨'을 잃는 자는 얻으리라." 마태복음 10:39

여기서 '목숨'이라는 단어는 '목숨, 생명, 내적 자아, 혼(soul)'을 뜻하는 헬라어 '프쉬케'(ψυχή)입니다. 프쉬케는 자유의지를 가진 내적 자아를 의미하는 것으로써 우리의 육신을 움직이게 하고 생각하게 만드는 소프트웨어라고 할 수 있습니다. 예수님은 우리가 이 프쉬케의 목숨을 잃어야만 영원한 생명을 얻는다고 말씀하십니다. 그런데 프쉬케의 목숨은 자아가 강해 하나님을 대적하고 땅의 것을 추구하는 아주 끈질기고 고약한 것입니다.

> "우리가 알거니와 우리의 옛 사람이 예수와 함께 십자가에 못 박힌 것은 죄의 몸이 죽어 다시는 우리가 죄에게 종 노릇 하지 아니하려 함이니 이는 죽은 자가 죄에서 벗어나 의롭다 하심을 얻었음이라 만일 우리가 그리스도와 함께 죽었으면 또한 그와 함께 살 줄을 믿노니 이는 그리스도께서 죽은 자 가운데서 살아나셨으매 다시 죽지 아니하시고 사망이 다시 그를 주장하지 못할 줄을 앎이로라 그가 죽으심은 죄에 대하여 단번에 죽으심이요 그가 살아 계심은 하나님께 대하여 살아 계심이니 이와 같이 너희도 너희 자신을 죄에 대하여는 죽은 자요 그리스도 예수 안에서 하나님께 대하여는 살아 있는 자로 여길지어다."
>
> 로마서 6:6-11

당신은 사망의 옷인 옛 옷을 미련 없이 벗어야 합니다. 죄에 대하여는 죽은 자요, 하나님에 대하여는 예수 안에 산 자가 되어야 합니다. 당신이 믿음으로 성령을 받아 새 옷을 입었다는 사실을 한시도 잊지 마십시오. 당신 안에 참 생명이신 예수 그리스도가 함께 하십니다.

어느 날, 제가 스스로 극복하지 못하는 죄의 문제로 하루 종일 울며 힘들어 할 때, 남편이 이런 말을 해 주었습니다.

"지금 당신은 가장 빛나는 옷을 입고 있어. 비록 눈에는 보이지 않아 그 사실을 자꾸 잊어버리지만, 주님이 오시면 그 옷이 얼마나 빛나고 아름다운지 알게 될 거야. 그날이 반드시 올 거야. 그러니 너무 슬퍼하지 말고 그 옷을 입고 있다는 사실만으로 기뻐하고 감사해."

남편의 위로가 제게 얼마나 큰 힘이 되었는지 모릅니다. 이제 저는 죄의 늪에 빠질 때마다 이렇게 외칩니다.

"나는 더 이상 사망의 옷을 입고 있지 않아! 나는 죄의 종이 아닌 하나님의 자녀야. 예수님이 나와 함께 하시니 슬퍼하고 절망할 필요가 없어. 그분의 영이 언제나 나를 살리실 거야. 나는 이미 승리했어!"

예수님이 함께 하신다는 믿음을 가진 자마다 자신이 그토록 바라던 것이 실상이 되는 놀라운 날을 맞이하게 될 것입니다.

"믿음은 바라는 것들의 실상이요 보지 못하는 것들의 증거니."
히브리서 11:1

믿음으로 증명하는 의의 옷

우리는 영원히 썩지 않는 옷을 입고 있다는 사실을 어떻게 알 수 있을까요? 그것은 오직 '믿음'으로 알 수 있습니다. 때로 하나님은 눈에 보이는 기적으로 우리의 연약한 믿음을 붙들어 주기도 하시지만 그것이 본질은 아닙니다. 믿음은 믿음으로 증명해야 합니다. 내 안에 성령님이 계시다는 것을 믿고, 의의 옷을 입고 있다는 것을 믿고, 영원한 생명을 얻었다는 것을 믿고, 능히 이 모든 일을 이루시는 능력의 하나님이 나와 함께 하신다는 것을 믿는다면, 지금 당신은 새 옷을 입고 있는 것입니다. 십자가의 능력을 믿지 않는 이들에게는 이 모든 것이 미련한 것처럼 보이나 예수님을 믿는 우리에게는 하나님의 능력이 되어 우리를 구원으로 인도할 것입니다. 마지막 날에 하나님으로부터 눈에 보이는 희고 깨끗한 옷을 받는 그날까지 말입니다.

"십자가의 도가 멸망하는 자들에게는 미련한 것이요 구원을 받는 우리에게는 하나님의 능력이라." 고린도전서 1:18

우리는 의의 옷이 완성되는 그날을 소망하며 살아가야 합니다. 그 소망이 헛것이라면 살아갈 이유가 없습니다. 흙으로 돌아가는 것이 끝이라면 우리에게는 아무 소망이 없습니다(고린도전서 15:12-19).

이 세상에 "좋은 포장지로 배설물을 잘 쌌으니 이제 들고 다녀야지"라고 말하는 사람은 없습니다. 배설물은 버려야 할지 말지 고민할 필요가 없습니다. 썩어질 옷도 이와 같습니다. 당신의 옷장에 썩어질 옷과 썩지 않는 옷이 함께 걸려 있다면, 당연히 썩어질 옷을 버리는 것이 맞습니다. 옛 옷에 대한 어떤 미련도 두지 말아야 합니다.

우리가 옛 옷을 버리지 못하는 이유는 아직 옛 자아가 살아 있기 때문입니다. 옛 옷은 내가 아무리 "버려야 해!"를 외친다고 해서 버려지는 것이 아닙니다. 오히려 거기서 눈을 돌려 내게 입혀 주신 아름답고 빛나는 새 옷을 바라봐야 합니다. 새 옷을 주신 분, 그 옷의 근원이신 예수 그리스도를 바라보면 어느새 옛 옷과 멀어진 자신을 발견하게 될 것입니다.

옷을 입는다는 것은 머리부터 발끝까지 제대로 입는 것을 말합니다. 옷을 입을 때, 왼쪽만 입는 사람은 없습니다. 마찬가지로 내 삶을 예수님께 온전히 맡기지 못하고, 한 부분은 새 옷을 입고 한 부분은 옛 옷을 입고 있을 수는 없습니다. 머리부터 발끝까지 새 옷으로 입고 있어야 합니다. 그것은 전신무장과도 같습니다.

예수님을 믿으면 삶의 전 영역에서 좋은 열매가 점진적으로 맺힙니다. 예수님께서 친히 그분을 닮아가도록 우리를 빚어 가시기 때문입니다. 돌아보면 저도 10년 전과 5년 전, 그리고 지금이 다릅니다. 나만 알고 나만 생각하던 이기적인 제가 지금은 남을 먼저 배려하고 하나님의 마음을 먼저 생각하는 자로 변화되었습니다. 여전히 이기적인 옛 옷을 버리지 못하고 죄를 지어 넘어지기도 하지만 그때마다 예수님은 제게 손을 내밀어 일으켜 주셨습니다.

"지금 너는 계속해서 성장하고 있는 중이란다. 그러니 내 손을 잡고 다시 일어나렴. 나는 너를 정금과 같이 만들 거야. 그러니 포기하지 말고 계속 걸어가렴. 나는 언제나 너와 함께 할 거란다."

우리는 연약해서 실수하고 넘어질 수 있습니다. 하지만 완전히 쓰러지지는 않습니다. 예수님께서 우리를 죄에서 해방시켜 주셨기 때문입니다. 우리는 예수님이 다시 오실 그날까지 예수님께 꼭 붙어 있어야 합니다. 그분과의 친밀하고 깊은 교제를 통하여 옛 자아를 죽여야 합니다. 성령님의 인도하심을 따라 우리의 혼(soul)과 육(body)을 주님께 복종시켜야 합니다. 이는 주님의 말씀대로 살기 위하여 나의 생각, 감정, 의지를 다하여 주 앞에 엎드리는 것을 의미합니다. 우리는 하나님이 원하시는 생각을 하고, 우리 몸의 모든 기관으로 생명의 열매가 맺히도록 해야 합니다. 마치 쇼핑을 마친 뒤, 옛 옷을 버리고 의지적으로 새 옷을 열심히 입어야 새로운 스타일로 변화되는 것처럼 말입니다.

그렇다면 우리가 버려야 할 옛 옷은 무엇일까요?

옛 자아의 옷

"육체의 일은 분명하니 곧 음행과 더러운 것과 호색과 우상 숭배와 주술과 원수 맺는 것과 분쟁과 시기와 분냄과 당 짓는 것과 분열함과 이단과 투기와 술 취함과 방탕함과 또 그와 같은 것들이라 전에 너희에게 경계한 것 같이 경계하노니 이런 일을 하는 자들은 하나님의 나라를 유업으로 받지 못할 것이요." 갈라디아서 5:19-21

이 말씀은 의의 옷을 입지 않은 사람들의 특징을 잘 나타내고 있습니다. 이러한 삶을 살아가는 사람들은 하나님의 나라를 유업으로 받을 수 없습니다. 하지만 하나님의 자녀 된 우리는 그분의 일하심을 통하여 옛 옷이 점차 정리됩니다.

예수님을 믿음으로 우리의 신분이 바뀔 때, 하나님이 우리 안에 작업하시는 것이 있는데 그것은 바로 '영적 디톡스'입니다. 우리가 다이어트를 위해 먼저 디톡스를 하듯, 하나님은 우리 마음에 있는 독소들을 하나하나 제거해나가기 시작하십니다. 그런데 이 과정이 매우 아플 수 있습니다. 사랑하는 사람과의 관계가 정리될 수도 있고, 소중히 간직한 것을 버려야 할 수도 있습니다. 비록 이 과정이 힘들지라도 우리는 하나님의 선하심을 믿고 견뎌 나가야 합니다.

우리는 옛 자아의 옷을 벗어야만 생명의 옷을 입을 수 있다는 것을 꼭 기억해야 합니다. 우리는 두 옷을 다 껴입고 있을 수 없습니다. 혹여 지금 옛 옷을 버리지 못해 마음이 어렵고 힘들다면 이렇게 고백해 보십시오.

"예수님, 제게 새 옷을 입혀 주셔서 감사해요. 여전히 옛 옷을 버리지 못해 죄를 짓고 유혹에 넘어지지만 예수님이 늘 함께 하신다는 것을 믿고 오늘도 일어나 나아갑니다. 저를 생명의 길로 인도해 주시고, 제가 생명의 열매를 맺는 삶을 살아가도록 도와주세요."

이제 성령님과 함께

"오직 성령의 열매는 사랑과 희락과 화평과 오래 참음과 자비와 양선과 충성과 온유와 절제니 이같은 것을 금지할 법이 없느니라 그리스도 예수의 사람들은 육체와 함께 그 정욕과 탐심을 십자가에 못 박았느니라 만일 우리가 성령으로 살면 또한 성령으로 행할지니 헛된 영광을 구하여 서로 노엽게 하거나 서로 투기하지 말지니라." 갈라디아서 5:22-26

육은 우리를 죽이는 것이고 영은 우리를 살리는 것입니다. 이 말씀에 나오는 '성령의 열매'는 육신에 속한 사람에게서는 절대로 찾아볼 수 없는 것입니다. 오직 의의 옷을 입은 사람만

이 맺을 수 있는 것입니다. 그리고 그 열매를 맺게 해 주시는 분은 우리 안에 거하시는 성령님입니다. 진리의 영이신 성령님은 우리를 고아와 같이 버려 두지 않으시고 진리이신 예수님께로 인도합니다.

> "그는 진리의 영이라 세상은 능히 그를 받지 못하나니 이는 그를 보지도 못하고 알지도 못함이라 그러나 너희는 그를 아나니 그는 너희와 함께 거하심이요 또 너희 속에 계시겠음이라 내가 너희를 고아와 같이 버려두지 아니하고 너희에게로 오리라."
> 요한복음 14:17-18

세상은 능히 성령을 받아들일 수 없으나 예수님을 믿는 우리 안에는 성령님이 함께 하십니다. 성령은 헬라어로 '프뉴마'(πνεῦμα)이고 영어로 'Holy Spirit'입니다. 프뉴마는 앞에서 나온 프쉬케와 완전히 대비되는 것으로 '숨 쉬다, 바람이 분다'를 상징하는 동사 '프네오'(πνέω)의 어원에서 나온 '하나님의 영'이라는 뜻입니다.

예수님은 십자가에 달려 돌아가신지 사흘 만에 부활하셔서 제자들에게 나타나셨습니다. 그때 그들에게 "평안하라" 인사하신 후에 숨을 내쉬며 이렇게 말씀하셨습니다.

> "성령을 받으라." 요한복음 20:22

이는 태초에 하나님이 아담의 코에 생기를 불어넣으신 것과 일맥상통합니다. 최초의 사람 아담에게 숨을 불어넣으신 하나님께서 약 4천 년 후에 예수 그리스도를 통하여 우리 안에 하나님의 영을 불어넣어 회복시키셨습니다. 영원한 생명을 주시겠다는 그 언약을 지키셨습니다. 우리에게 영원한 생명을 주신 하나님께 모든 영광과 찬송을 올려 드립니다. 하나님은 우리를 단한 번도 버리지 않으셨습니다. 우리를 구원하시기 위하여 자신을 희생하셨고, 지금도 이 책을 통하여 당신에게 그분의 사랑을 고백하고 계십니다.

우리는 다시 하나님과 하나가 되었습니다! 이제 더 이상 우리는 죄로 더럽혀져 죽음을 두려워하는 비참한 존재가 아닙니다. 저는 이 기쁨이 날마다 새롭게 다가옵니다. 당신 삶에도 새 생명이 회복되는 이 기쁨이 넘치기를 간절히 기도합니다. 옛 옷을 벗어던지고 새 옷을 입길 사모하는 당신에게 하나님이 항상 함께 하실 것입니다. 성령님을 구하십시오!

"너희가 악할지라도 좋은 것을 자식에게 줄 줄 알거든 하물며 너희 하늘 아버지께서 구하는 자에게 성령을 주시지 않겠느냐 하시니라." 누가복음 11:13

chapter 12

제일 좋은 옷을 입고 싶어요

"마리아가 아들을 낳을 것이다. 그의 이름을 '예수'라고 불러라 그가 자기 백성을 죄에서 구원하실 것이다. 이 모든 일이 일어나게 된 것은 하나님이 예언자를 통해서 말씀하신 예언이 이루어지도록 하기 위해서였다. 처녀가 임신하여 아들을 낳을 것이며 그의 이름을 임마누엘이라 부를 것이다. 임마누엘은 하나님께서 우리와 함께 계신다는 뜻이다." 마태복음 1:21-23, 현대인의성경

하나님은 우리와 '함께 하시기 위하여' 우리를 창조하셨습니다. 그분 안에서 사랑을 누리길 원하시고 우리가 감정과 의지를 가지고 그분을 사랑하길 바라십니다.

사랑의 조건은 '자발성'에서 시작됩니다. 우리는 누군가를 사랑하거나 사랑하지 않거나를 스스로 결정할 수 있습니다. 사랑은 상대방을 통제하지 않습니다. 상대방을 통제하는 순간, 그것은 사랑이 아닌 폭력이 됩니다. 진정한 사랑은 오히려 자유를 줍니다. 하나님이 우리에게 자유의지를 허락하신 것은 그 자체가 우리를 향한 사랑이고 최선의 배려였습니다.

사랑은 오래 참음과 기다림에서 시작됩니다. 우리를 향한 하

나님의 사랑이 바로 이러합니다. 하나님은 그분의 사랑하는 자녀가 그분의 품으로 어서 돌아오기만을 기다리고 계십니다. 그것은 우리를 로봇처럼 조종해서 복종시키는 것이 아닌 우리가 스스로 돌이키고 돌아올 때까지 기다려 주시는 온전한 사랑입니다. 성경 누가복음 15장에도 이러한 사랑 이야기가 나옵니다.

돌아온 탕자 이야기

한 아버지에게 두 아들이 있었습니다. 어느 날, 둘째아들이 아버지에게 자신이 받을 몫의 재산을 요구했습니다. 그것은 아버지가 돌아가시면 자신에게 돌아올 분깃, 즉 유산이었습니다. 살아 계신 아버지에게 유산을 요구하는 것은 아버지 입장에서 볼 때에 괘씸한 일이었습니다. 그러나 아버지는 둘째아들이 원하는 대로 유산을 나눠 주었고, 그는 집을 떠나 먼 나라로 가서 허랑방탕하게 살았습니다. 결국 둘째아들은 재산을 다 탕진하고 그곳에서 흉년까지 경험하게 되었습니다. 모든 것을 잃고 돼지우리에서 쥐엄 열매로 배를 채우며 살아가던 어느 날, 그는 아버지를 떠올렸습니다.

'아버지 집에서는 모든 것이 풍족하였는데 나는 여기서 굶어 죽게 생겼구나. 이제 아버지 집으로 돌아가자. 그러나 어찌 아버지께 아들 대

우를 받을 수 있을까. 다만, 아버지의 종으로라도 받아주시길 애원할 수밖에….'

둘째아들은 아버지의 종이 될 각오를 하고 집을 향해 나아갔습니다. 그때 집으로 돌아오는 아들을 발견한 아버지는 어떻게 반응했을까요? 다음 말씀에서 이후의 이야기가 전개됩니다.

"이에 일어나서 아버지께로 돌아가니라 아직도 거리가 먼데 아버지가 그를 보고 측은히 여겨 달려가 목을 안고 입을 맞추니 아들이 이르되 아버지 내가 하늘과 아버지께 죄를 지었사오니 지금부터는 아버지의 아들이라 일컬음을 감당하지 못하겠나이다 하나 아버지는 종들에게 이르되 제일 좋은 옷을 내어다가 입히고 손에 가락지를 끼우고 발에 신을 신기라 그리고 살진 송아지를 끌어다가 잡으라 우리가 먹고 즐기자 이 내 아들은 죽었다가 다시 살아났으며 내가 잃었다가 다시 얻었노라 하니 그들이 즐거워하더라." 누가복음 15:20-24

아버지는 멀리서 돌아오는 둘째아들을 보고 측은히 여겨 달려가 목을 안고 입을 맞추었습니다. 종들에게 명하여 그에게 제일 좋은 옷을 입히고 손에 반지를 끼우고 발에 신을 신기라고 했습니다. 여기에서 '제일 좋은'은 원어로 '프로토스'(πρῶτος)이며 그 의미는 '가장 으뜸 되는'입니다. 그리고 '측은히 여기다'는 원어로 '스플랑크니조마이'(σπλαγχνίζομαι)이며 그 뜻은 '간절히 열망하다, 동정을 느끼다'입니다. 이는 아버지가 돌아온 탕자(蕩子)를 보고 노한 것이 아니라 진심으로 동정하고 그가 어서 돌아오기만을 간절히 열망했다는 것을 나타냅니다. 우리의 판단으로는 화를 내는 것이 당연한데 탕자의 아버지는 그렇지 않았습니다. 자신을 업신여기고 떠나 재산을 모두 탕진한 둘째아들을 향하여 "내 아들이 죽었다가 다시 살아났다"라고 외쳤습니다. 아버지는 아들이 돌아온 것만으로 진정 기뻤습니다.

이 이야기는 당신을 향한 하나님 아버지의 사랑을 잘 보여주고 있습니다. 당신이 삶의 목적을 알지 못한 채, 하나님을 떠나 죄 가운데 있을 때에도 하나님 아버지는 당신을 포기하지 않고 기다리고 계셨습니다. 당신이 죽음의 길로 달려가고 있는 것을 바라보시며 눈물을 흘리고 계셨습니다.

지금 당신이 어디에서 어떤 모습으로 있든 상관없습니다. 하나님을 생각하고 돌아오기만 하면, 그분은 당신을 끌어안아 맞아 주시며 제일 좋은 옷을 입히시고 잔치를 여실 것입니다.

"사랑하는 자녀야, 내게로 돌아와 줘서 고맙구나. 너는 나의 종이 아닌 오직 나의 영원한 아들, 내가 사랑하는 아들이란다. 이제 내가 그 더러운 옷을 벗기고 영원히 빛나고 깨끗한 옷을 입혀 줄게. 이 옷은 오랫동안 너를 열망하며 준비한 가장 좋은 옷이란다."

하나님은 당신을 사랑하십니다. 언제나 그 사랑으로 당신을 오래 참고 기다려 주십니다. 당신은 그저 그분께로 돌아가기만 하면 됩니다. 혹여 '너무 큰 죄를 지어 하나님이 날 싫어하실 거야', '나는 결코 용서받을 수 없어'라는 생각이 든다면, 이는 사탄의 속삭임이므로 흔들리지 말고 바로 끊어내십시오. 예수님은 당신을 위하여 생명을 내어 주신 분임을 기억하십시오.

당신을 위한 가장 좋은 옷이 하나님 아버지의 손에 준비되어 있습니다. 그 옷은 피 묻은 사랑의 옷입니다. 이제 그 사랑을 입으십시오.

"여인이 어찌 그 젖 먹는 자식을 잊겠으며 자기 태에서 난 아들을 긍휼히 여기지 않겠느냐 그들은 혹시 잊을지라도 나는 너를 잊지 아니할 것이라." 이사야 49:15

chapter 13

당신이 찢어야 할 마음의 옷은 무엇인가요

세상 사람들은 다 자기만의 옷을 입고 살아갑니다. 누군가는
'성공한 사람'이라는 이름의 옷을, 누군가는 '최고의 CEO'라는
옷을 입고 살아갑니다. 또 누군가는 '멋진 아빠'라는 정체성의
옷을 입고 살아갑니다. 사람들은 이렇게 자기만의 옷을 만들고,
또 그 옷을 빼앗기지 않기 위하여 자기 인생을 겁니다. 세상은
그것을 '성공'이라고 부르나 성경은 그렇게 말하지 않습니다.
이를 죄, 곧 '우상숭배'라고 합니다.

"너는 나 외에는 다른 신들을 네게 두지 말라." 출애굽기 20:3

내가 하루 종일 생각하고 마음을 쏟는 것이 바로 우상입니
다. 내가 하나님보다 더 사랑하는 것, 그것이 바로 우상입니다.
하나님은 우리가 두 주인을 섬기는 것을 용납하지 않으십니다.
우리 마음은 두 주인을 섬길 수 없도록 디자인되어 있으며 하
나님을 섬길 때에 가장 행복합니다. 그 이유는 하나님과 사랑의
관계이기 때문입니다.

"한 사람이 두 주인을 섬기지 못할 것이니 혹 이를 미워하고 저를 사랑하거나 혹 이를 중히 여기고 저를 경히 여김이라 너희가 하나님과 재물을 겸하여 섬기지 못하느니라." 마태복음 6:24

우상숭배는 탐욕에서부터 시작됩니다. 작은 생각의 씨로 시작된 욕심은 사람의 영혼을 장악하여 그것을 섬기는 자리에까지 나아가도록 만듭니다. 그런데 사람들은 자신이 우상을 섬긴다는 것을 깨닫지 못하고, 심지어 예수님을 믿는다고 말하는 사람들조차도 돈을 섬기고 성공을 섬깁니다.

우리가 우상을 섬기게 된 근본적인 이유는 하나님으로 채워져야 할 영의 빈자리로 인하여 영적 목마름을 느끼기 때문입니다. 사람들은 그 빈자리를 채우기 위하여 돈, 시간, 마음 등을 아낌없이 쏟아붓지만 그 자리는 하나님 외에 다른 무엇으로도 채울 수 없습니다. 다른 것으로 채우면 채울수록 오히려 더 갈급해지고 그 결국은 사망입니다.

"욕심이 잉태한즉 죄를 낳고 죄가 장성한즉 사망을 낳느니라."
야고보서 1:15

특히, 지금 이 시대는 하나님 대신 '나' 자신을 우상으로 세워 섬깁니다. 자기 자신을 위해서라면 무엇이든 할 수 있는 자세가 바로 나를 우상으로 섬기고 있다는 증거입니다. 세상은 계속해서 "너 자신을 사랑하라", "너는 최고다"라고 외치나 그것은 창조주 하나님의 자리에 내가 앉아 왕 노릇하고픈 교만한 마음에서부터 비롯된 것입니다. 거짓에 미혹되어 선악과를 먹은 첫 사람인 아담과 하와도 하나님처럼 되고 싶은 교만한 마음을 품었습니다.

> "뱀이 여자에게 이르되 너희가 결코 죽지 아니하리라 너희가 그것을 먹는 날에는 너희 눈이 밝아져 하나님과 같이 되어 선악을 알 줄 하나님이 아심이니라." 창세기 3:4-5

자기 자신을 섬기는 사람의 특징

자기 자신을 섬기는 사람의 특징은 자신이 가진 모든 것, 즉 재능, 경력, 관계, 시간, 돈, 명예, 자녀 등을 전부 자기 것으로 여긴다는 것입니다. 모든 것의 주인이 자신이기에 자신이 가진 것들에 집착하고 자신이 세운 우선순위를 따라 살아갑니다. 예를 들어, 자녀가 우선순위인 부모는 자녀의 성공을 위하여 자신의 일생을 바칩니다. 그러나 자신이 원하는 만큼 결과가 나오지 않으면 분개하고 절망합니다. 성경은 우리 마음의 우선순위를 알 수 있는 한 가지 방법을 소개합니다.

"너희 보물 있는 곳에는 너희 마음도 있으리라." 누가복음 12:34

　　보물은 내가 가장 귀히 여기는 소유를 의미합니다. 대표적으로 돈입니다. 어느 누구도 돈으로부터 자유로울 수 없기 때문입니다. 돈을 사랑하는 사람은 자기 자신만을 위하여 사용하고 돈에 끌려 다닙니다. 그것이 일만 악의 뿌리가 되는 것도 모르고 말입니다. 그러나 하나님을 사랑하는 사람은 돈을 함부로 사용하지 않고 돈에 매이지 않습니다.

　　"돈을 사랑함이 일만 악의 뿌리가 되나니 이것을 탐내는 자들은 미혹을 받아 믿음에서 떠나 많은 근심으로써 자기를 찔렀도다." 디모데전서 6:10

　　사람은 속일 수 있지만 하나님은 속일 수 없습니다. 하나님은 모든 사람의 마음을 다 아십니다. 우리는 우리의 마음 밭이 더러워지지 않도록, 돈을 섬기지 않도록, 그리고 나 자신을 숭배하지 않도록 날마다 하나님께 나아가 애통한 마음으로 기도해야 합니다. 내 보물이 무엇인지 늘 점검해야 합니다.
　　사람은 자신의 빈 마음에 무언가를 계속 채우려고 애를 씁니다. 그러나 우리 안에 예수님이 오시면 더 이상 다른 것으로 마음을 채우지 않아도 됩니다. 예수님 외에 다른 것으로 채우고 싶은 욕망도 사라지게 됩니다. 그분은 우리를 영원히 만족시키시는 분이기 때문입니다. 그런데 세상 사람들은 마음에 하나님 두기를 싫어합니다. 이에 대하여 성경은 어떻게 기록하고 있는 지 한번 보십시오.

> "또한 그들이 마음에 하나님 두기를 싫어하매 하나님께서 그들을 그 상실한 마음대로 내버려 두사 합당하지 못한 일을 하게 하셨으니 곧 모든 불의, 추악, 탐욕, 악의가 가득한 자요 시기, 살인, 분쟁, 사기, 악독이 가득한 자요 수군수군하는 자요 비방하는 자요 하나님께서 미워하시는 자요 능욕하는 자요 교만한 자요 자랑하는 자요 악을 도모하는 자요 부모를 거역하는 자요 우매한 자요 배약하는 자요 무정한 자요 무자비한 자라 그들이 이 같은 일을 행하는 자는 사형에 해당한다고 하나님께서 정하심을 알고도 자기들만 행할 뿐 아니라 또한 그런 일을 행하는 자들을 옳다 하느니라." 로마서 1:28-32

구원의 옷을 입는다는 것은 내 마음이 향하는 대상을 예수님 한 분만으로 완전히 바꾸는 것을 의미합니다. "내 마음을 채울 수 있는 분은 오직 예수님뿐이다. 나는 다른 무엇으로도 그 자리를 대체하지 않겠다"라고 선포하는 것을 말합니다. 그런데 요즘 SNS 플랫폼들을 다니다 보면 진리가 아닌 거짓메시지가 참 많습니다. 우리 마음을 미혹하는 것들도 참 많습니다. 오늘도 사탄은 각종 미디어와 세상 문화를 통하여 우리가 예수님을 바라보지 못하도록 미혹합니다.

이 세상에서 우리의 눈과 귀를 잘 지키는 것은 아주 중요합니다. 눈으로 보고 귀로 듣는 메시지가 우리의 생각을 **빼앗고** 마음을 훔치기 때문입니다.

> "네 몸의 등불은 눈이라 네 눈이 성하면 온몸이 밝을 것이요 만일 나쁘면 네 몸도 어두우리라 그러므로 네 속에 있는 빛이 어둡지 아니한가 보라 네 온몸이 밝아 조금도 어두운 데가 없으면 등불의 빛이 너를 비출 때와 같이 온전히 밝으리라 하시니라." 누가복음 11:34-36

우리는 하나님의 말씀에 비추어 모든 것을 잘 분별해야 합니다. 눈으로 보는 것을 통하여 죄를 짓는 것을 멈출 수 없다면 유혹의 통로를 미리 차단하는 것도 지혜로운 방법입니다. 생각과 마음을 **빼앗겨** 깊이 빠져 있는 자극적인 메시지들도 진리의 말씀으로 분별하여 버려야 합니다. 빛을 알지 못하고 어둠을 빛으로 착각하는 사람들은 마치 영적 장님과도 같습니다. 우리는 눈이 있으나 보지 못하는 그들에게 진리를 전해야 합니다.

> "만물보다 거짓되고 심히 부패한 것은 마음이라 누가 능히 이를 알리요마는." 예레미야 17:9

진정 예수님이 함께 하지 않으시면 만물보다 거짓되고 심히 부패한 것이 사람의 마음입니다. 우리의 부패한 마음을 다시 회복시키는 유일한 방법은 빛이신 예수님이 우리 마음의 눈을 뜨게 해 주시는 것입니다.

고난 보증서

성령님이 우리 안에 계시지 않으면, 죄를 깨닫지 못할 뿐 아니라 자신이 가치를 둔 성공, 지식, 명예 등을 위하여 일평생 살아가게 됩니다. 그러나 그 끝은 결국 사망입니다. 만약 죄를 깨달아 회개하고 용서받길 원하는 마음이 든다면, 그것은 하나님의 전적인 은혜입니다.

때로 우리는 질병이나 사별, 재산의 탕진이나 부도 등 고난을 통하여 죄를 깨닫고 하나님께 돌아가기도 합니다. 저는 이것을 우리를 생명 길로 인도하시는 하나님 아버지의 '사랑의 매'라고 표현하고 싶습니다. 그 고난의 끝에는 반드시 천국이 있기 때문입니다.

"징계는 다 받는 것이거늘 너희에게 없으면 사생자요 친아들이 아니니라 또 우리 육신의 아버지가 우리를 징계하여도 공경하였거든 하물며 모든 영의 아버지께 더욱 복종하며 살려 하지 않겠느냐 그들은 잠시 자기의 뜻대로 우리를 징계하였거니와 오직 하나님은 우리의 유익을 위하여 그의 거룩하심에 참여하게 하시느니라 무릇 징계가 당시에는 즐거워 보이지 않고 슬퍼 보이나 후에 그로 말미암아 연단 받은 자들은 의와 평강의 열매를 맺느니라 그러므로 피곤한 손과 연약한 무릎을 일으켜 세우고 너희 발을 위하여 곧은 길을 만들어 저는 다리로 하여금 어그러지지 않고 고침을 받게 하라 모든 사람과 더불어 화평함과 거룩함을 따르라 이것이 없이는 아무도 주를 보지 못하리라." 히브리서 12:8-14

어떤 아버지가 사망의 길로 걸어가는 자녀를 그저 바라만 보고 있겠습니까? 만일 징계가 없다면 그 자녀는 참으로 불행한 자입니다. 하나님은 예수 그리스도의 피 값으로 산 우리를 절대로 버려두지 않으십니다. 징계를 통해서라도 돌이키게 하십니다. 징계하실지라도 반드시 그 고난 가운데서 건져 주시고 붙들어 주십니다. 그래서 고난은 하나님의 자녀임을 나타내는 증거가 됩니다.

지금은 마음의 옷을 찢을 때

지금까지 당신이 우상을 섬기며 살아왔을지라도 괜찮습니

다. 이제라도 마음을 다하여 하나님께로 돌아가면 됩니다. 하나님께 나아가 회개하길 원하는 그 마음을 외면치 말고 은혜로우시며 자비로우시며 노하기를 더디하시며 인애가 크신 주께로 나아가십시오.

> "여호와의 말씀에 너희는 이제라도 금식하고 울며 애통하고 마음을 다하여 내게로 돌아오라 하셨나니 너희는 옷을 찢지 말고 마음을 찢고 너희 하나님 여호와께로 돌아올지어다 그는 은혜로우시며 자비로우시며 노하기를 더디하시며 인애가 크시사 뜻을 돌이켜 재앙을 내리지 아니하시나니." 요엘 2:12-13

하나님은 마음을 찢으며 회개의 자리로 나아가는 자를 외면하지 않으십니다. 그의 부르짖는 기도를 반드시 들어주십니다. 그분은 우리가 죄를 회개할 때에 용서해 주시고 그 죄를 다시 기억하지 않으시는 분입니다. 그렇다면 지금 당신이 마음을 찢으며 부르짖어야 할 기도는 무엇입니까? 이 시간, 당신이 찢어야 할 마음의 옷은 무엇입니까?

> "내가 그들의 불의를 긍휼히 여기고 그들의 죄를 다시 기억하지 아니하리라 하셨느니라." 히브리서 8:12
> "이것들을 사하셨은즉 다시 죄를 위하여 제사 드릴 것이 없느니라 그러므로 형제들아 우리가 예수의 피를 힘입어 성소에 들

어갈 담력을 얻었나니." 히브리서 10:18-19

    우리는 더 이상 우상으로 더렵혀진 옷을 입어서는 안 됩니
다. 오직 의로우신 예수 그리스도로 옷 입어야 합니다. 정욕을
따르는 육신의 옷을 벗고 의의 옷으로 갈아입어야 합니다. 여기
서 옷을 갈아입는다는 것은 '회개'를 의미합니다. 아침에 일어
나 깨끗한 옷으로 갈아입듯 우리는 매일의 회개를 통하여 정결
한 옷으로 갈아입어야 합니다.

"오직 주 예수 그리스도로 옷 입고 정욕을 위하여 육신의 일을 도모하
지 말라." 로마서 13:14

chapter 14

입고 싶어도 입을 수 없는 옷이 있습니다

옷태는 체형에 따라 완전히 달라집니다. 물론 체형이 좋지 않더라도 스타일링에 신경을 쓰면 콤플렉스를 가리고 자신의 장점을 충분히 살릴 수 있습니다. 저는 체형 콤플렉스를 가진 많은 분들이 스타일링 후에 옷태가 살아나고 이미지가 좋아지는 것을 수차례 확인해 왔습니다. 그런데 아주 가끔 한계를 느끼는 경우가 있습니다. 고객의 사이즈가 매장에서 제공하는 범위를 벗어나면 스타일링을 잘 해드리고 싶어도 할 수 없기 때문입니다. 그래서 이런 경우를 대비하여 고객과의 동행 쇼핑 전에 미리 매장에 나가 맞는 옷을 골라놓습니다.

세상에는 돈이 아무리 많아도 입을 수 없는 옷이 있습니다. 그것은 바로 사이즈가 맞지 않은 옷입니다. 내 몸에 맞지 않는 옷은 살 수는 있어도 입을 수는 없습니다. 잘 입고 다니던 바지였는데 어느 날 허리가 잠기지 않으면 속상합니다. 그러나 "왜 안 맞지"라고 할 때는 이미 늦었습니다. 관리의 끈을 놓치면 체형은 금세 바뀌고 맙니다. 육신의 옷도 이러한데 하물며 하나님이 주시는 의의 옷을 입기 위해서는 어떻게 해야 할까요?

의의 옷을 입을 최고의 준비

사람의 영·혼·육에서 가장 중요한 것은 우리 눈에 보이는 '육'이 아닌 눈에 보이지 않는 '영'입니다. 하나님이 만드신 창조물들을 보아도 가장 중요한 것은 눈에 보이지 않습니다. 대표적으로 우리가 숨을 쉬는 공기가 그렇습니다. 공기가 없으면 죽는 것처럼 하나님의 영이 없는 사람은 죽은 것과 같습니다.

우리는 영을 '몸'으로, 육을 '옷'으로 비유할 수 있는데, 그 이유는 영을 어떻게 관리하느냐에 따라 육의 태가 달라지기 때문입니다. 진정 온전한 육체를 원한다면 가장 먼저 영을 생각해야 합니다. 옷태를 위하여 몸을 관리하듯 영을 가꾸어야 합니다. 그러나 이는 우리 뜻대로 되는 것이 아닙니다.

공기가 없으면 숨을 쉴 수 없듯 예수님을 믿지 않아 하나님의 영이 없는 사람은 제구실을 할 수 없습니다. 그는 자신이 어디로 가는지, 무엇을 하는지, 왜 사는지 알지 못합니다. 천국을 바라보는 영적 시각이 없으므로 눈에 보이는 육신이 전부인 줄 알고 살아갑니다. 그는 아름다운 옷을 입을 수 없는 몸과 같아서 결코 의의 옷을 입을 수 없습니다.

사이즈가 작아서 안 맞는 옷을 입으려면 살을 빼야 하듯, 의의 옷을 입으려면 예수님을 향한 믿음과 철저한 회개로 자신을 깨끗하게 해야 합니다. 그때 하나님은 우리에게 성령을 부어 주시고 천국으로 인도해 주십니다.

"회개하라 천국이 가까이 왔느니라 하였으니." 마태복음 3:2

회개의 본질은 하나님께로 돌이키는 것입니다. "하나님, 저는 하나님의 영이 함께 하지 않으시면 죽은 것과 같습니다. 저를 살아가게 하는 근원은 육이 아닙니다. 오직 하나님이십니다. 하나님은 제 생명의 근원이며 빛이십니다"라고 그분을 인정하는 것입니다. 회개할 때에 우리는 아름다운 의의 옷을 입을 수 있는 최상의 준비가 됩니다. 그리고 진정한 회개란 말로만 끝내는 것이 아니라 마음과 뜻을 다하여 하나님의 말씀에 순종하는 것입니다.

"내가 너희에게 이르노니 이와 같이 죄인 하나가 회개하면 하늘에서는 회개할 것 없는 의인 아흔아홉으로 말미암아 기뻐하는 것보다 더하리라." 누가복음 15:7

죄인 한 명이 회개할 때, 천국에서는 기쁨의 잔치가 열립니다. 예수님은 죄인을 불러 회개시키시기 위하여 이 땅에 오셨습니다(누가복음 5:32). 우리는 나를 살리시기 위하여 흘리신 그 보배로운 피를 힘입어 그분께 나아가기만 하면 됩니다. 회개한 자녀에게 주시는 은혜의 선물은 영원한 생명의 옷입니다. 그 옷은 영원히 죽을 수밖에 없는 우리의 인생을 영원한 생명으로 바꿔줍니다.

'믿음'은 의의 옷을 입을 수 있는 최고의 준비 자세입니다. 당신이 어린아이처럼 의심하지 않고 매순간 예수님을 믿고 의지해 나간다면 의의 옷이 딱 맞게 될 것입니다.

당신은 의의 옷을 입을 수 있는 믿음을 가지고 있습니까? 저는 예수님이 죽어야 할 저를 대신하여 십자가에 달려 돌아가시고 사흘 만에 부활하신 것을 믿습니다. 제가 예수님의 보배로운 피로 정결하게 되었음을 믿습니다. 제 모든 죄를 씻을 수 있는 능력이 예수님께 있음을 믿습니다.

"우리가 아직 죄인 되었을 때에 그리스도께서 우리를 위하여 죽으심으로 하나님께서 우리에 대한 자기의 사랑을 확증하셨느니라 그러면 이제 우리가 그의 피로 말미암아 의롭다 하심을 받았으니 더욱 그로 말미암아 진노하심에서 구원을 받을 것이니 곧 우리가 원수 되었을 때에 그의 아들의 죽으심으로 말미암아 하나님과 화목하게 되었은즉 화목하게 된 자로서는 더욱 그의 살아나심으로 말미암아 구원을 받을 것이니라." 로마서 5:8-10

하나님은 믿는 모든 사람의 마음에 성령을 주십니다. 저 역시 성령을 힘입어 하나님을 나의 아버지로, 예수 그리스도를 나의 주로 고백합니다. 그 고백은 성령님이 함께 하지 않으시면 결코 할 수 없는 것입니다.

"그가 또한 우리에게 인치시고 보증으로 우리 마음에 성령을 주셨느니라." 고린도후서 1:22

"… 성령으로 아니하고는 누구든지 예수를 주시라 할 수 없느니라." 고린도전서 12:3

우리는 예수님의 공로로 의의 옷을 선물로 받았습니다. 그 옷은 구원의 옷이며 죽음에서 건져 주신 하나님의 은혜의 선물입니다. 의의 옷은 예수 그리스도를 향한 '믿음'과 '회개'를 통하여 입을 수 있습니다. 당신이 믿음을 가지고 회개하면, 그 죄가 주홍 같이 붉을지라도 눈과 같이 희어지고 진홍 같이 붉을지라도 양털 같이 희게 될 것입니다.

"여호와께서 말씀하시되 오라 우리가 서로 변론하자 너희의 죄가 주홍 같을지라도 눈과 같이 희어질 것이요 진홍 같이 붉을지라도 양털 같이 희게 되리라." 이사야 1:18

chapter 15

늘 새것처럼 입을 수 있습니다

오래전에 우연한 기회로 받은 적성검사가 제가 이 일을 시작하게 된 계기입니다. 그때 제게 가장 잘 맞는 직업으로 '이미지 컨설턴트'가 나왔는데 저는 그것을 보자마자 해야겠다고 마음먹었습니다. 이후로 아무것도 없던 제게 좋은 사무실이 생기고 소중한 고객들도 많이 만나 지금까지 올 수 있었습니다. 돌아보면 이 모든 과정이 하나님의 인도하심이었습니다. 이 책도 당신에게 복음을 전하기 위하여 제게 허락하신 일이라 믿습니다.

옷 입는 것을 두려워하는 한 사람이 좋은 스타일리스트를 만나 멋지게 변화되는 전 과정이 제게는 마치 복음의 모형처럼 느껴집니다. 죽음을 두려워하던 죄인이 예수 그리스도를 만나 의인으로 변화되어 빛나게 되는 것처럼 말입니다. 저는 제 직업을 통하여 하나님의 마음을 품을 수 있는 축복을 누릴 수 있음에 감사합니다.

우리는 예수님의 피로 구원을 받아 죄인에서 의인이 되었지만 여전히 세상에 속하여 살아가야 합니다. 예수님이 다시 오셔서 산 자와 죽은 자를 심판하시고 우리를 천국으로 인도하실 그 날까지 말입니다. 그런데 의인으로서 죄로 물든 이 세상을 살아가는 것이 결코 만만치 않습니다. 예수님은 이것을 마치 어린 양을 이리 가운데로 보내는 것과 같다고 말씀하셨습니다.

"갈지어다 내가 너희를 보냄이 어린 양을 이리 가운데로 보냄과 같도다." 누가복음 10:3

예수님과 동행하기

옷에 대한 자신감이 부족한 고객은 자신에게 어울리는 옷이 눈앞에 있어도 쉽게 고르지 못합니다. 그러나 그의 매력과 장점을 잘 파악하고 있는 스타일리스트와 함께 하면 아주 멋진 옷을 고를 수 있습니다. 그런데 여기서 끝나지 않습니다. 문제는 그 이후부터 시작됩니다. 저는 그때가 가장 마음이 쓰이고 안타깝습니다. 왜냐하면 스타일링 서비스가 끝나면 다시 예전의 상태로 돌아가기 때문입니다. 그래서 각 계절마다 스타일리스트와 동행하며 안목을 기르고 배우는 것이 중요합니다.

하물며 썩어 없어지는 세상 옷에 대해서도 이러한 노력과 전문가와의 지속적인 동행이 필요한데, 영원한 생명이 걸린 우리 인생에 대해서는 어떠해야 할까요? 우리는 예수님과 동행하지 않으면 성공적인 인생을 살 수 없습니다. 인생의 진정한 성공이란, 영생을 얻는 것이고 영생은 곧 유일하신 참 하나님과 그분이 보내신 예수 그리스도를 아는 것입니다(요한복음 17:3).

> "…항상 복종하여 두렵고 떨림으로 너희 구원을 이루라." 빌립보
> 서 2:12

명심하십시오. 예수님을 믿고 구원을 받았다고 해서 다 끝난 것이 아닙니다. 나는 구원받았으니 이제 마음대로 살아도 괜찮다고 생각해서는 안 됩니다. 우리는 일평생 하나님의 말씀에 순종하며 그분과 동행해야 합니다.

> "나는 양의 문이라 나보다 먼저 온 자는 다 절도요 강도니 양들
> 이 듣지 아니하였느니라 내가 문이니 누구든지 나로 말미암아
> 들어가면 구원을 받고 또는 들어가며 나오며 꼴을 얻으리라 도
> 둑이 오는 것은 도둑질하고 죽이고 멸망시키려는 것뿐이요 내
> 가 온 것은 양으로 생명을 얻게 하고 더 풍성히 얻게 하려는 것
> 이라 나는 선한 목자라 선한 목자는 양들을 위하여 목숨을 버
> 리거니와 삯꾼은 목자가 아니요 양도 제 양이 아니라 이리가
> 오는 것을 보면 양을 버리고 달아나나니 이리가 양을 물어 가
> 고 또 헤치느니라." 요한복음 10:7-12

예수님은 이 말씀에서 그분을 '선한 목자'로, 그리고 우리를 '양'으로 표현하십니다. 맞습니다. 우리는 목자가 없으면 쉽게

길을 잃고 위험에 빠지는 양과 같습니다. 그래서 생명의 꼴을 얻는 길을 걸어가기 위하여 목자이신 예수님과 늘 동행해야 합니다. 예수님께 내 삶을 온전히 맡기고 그분의 음성을 따라가야 합니다. 예수님만이 유일한 구원의 문이요, 길이요, 진리요, 생명이십니다(요한복음 14:6).

고객이 스타일리스트와 동행함으로써 스타일이 좋아지듯 우리는 선한 목자이신 예수님과 동행함으로 구원받은 자로서의 합당한 삶을 살아갈 수 있습니다. 더욱이 스타일리스트는 대가를 받지만 예수님은 아무 값없이 우리와 동행해 주십니다. 우리를 사랑하시기 때문입니다. 우리는 그 사랑을 힘입어 그분께 붙어 있기만 하면 됩니다.

"나는 포도나무요 너희는 가지라 그가 내 안에, 내가 그 안에 거하면 사람이 열매를 많이 맺나니 나를 떠나서는 너희가 아무것도 할 수 없음이라." 요한복음 15:5

예수님을 떠나지 않고 동행하는 것만이 구원받은 자녀로서 살아가는 유일한 방법입니다. 그렇다면 예수님께 딱 붙어 있다는 것은 구체적으로 무엇을 의미하는 것일까요? 그것은 하나님의 말씀에 순종하며 살아가는 것을 말합니다. 성경은 예수님이 바로 '말씀'이라고 합니다.

"태초에 '말씀'이 계시니라 이 말씀이 하나님과 함께 계셨으니 이 말씀은 곧 하나님이시니라 … 만물이 그로 말미암아 지은 바 되었으니 지은 것이 하나도 그가 없이는 된 것이 없느니라 그 안에 생명이 있었으니 이 생명은 사람들의 빛이라." 요한복음 1:1,3-4

여기서 '말씀'은 예수 그리스도를 가리킵니다. 그뿐 아니라 성경의 모든 말씀이 우리 주 예수 그리스도를 가리키고 있습니다. 우리가 예수님과 동행하는 방법은 그분의 말씀을 날마다 묵상하고 말씀대로 살면서 말씀이신 그분께 꼭 붙어 있는 것입니다. 말씀을 멀리하면서 예수님과 가까워질 수 있다고 생각하는 것은 오만입니다. "말씀 없이는 한순간도 살 수 없다"고 고백하는 사람이야말로 진정 행복한 사람입니다. 우리는 매순간 말씀이신 예수 그리스도와 동행해야 영혼이 살고 성장할 수 있습니다.

예수님과 친밀해지기

저와 함께 꾸준히 동행 쇼핑을 한 고객 분들은 점차 스타일링 실력이 늘고 자신의 매력을 찾아 잘 개발시켜 나갑니다. 저는 그러한 모습을 볼 때마다 얼마나 자랑스럽고 뿌듯한지 모릅니다. 이렇게 스타일이 점점 좋아지는 고객들에게서만 볼 수 있는 공통점이 하나 있는데, 그것은 바로 그들이 끊임없이 질문을 한다는 것입니다. "선생님, 이 옷을 사면 어떨까요?", "제가 가르쳐 주신 대로 옷을 잘 골랐나요?" 등 질문이 많을수록 결과도 좋게 나타났습니다.

저는 질문을 받으면 더 신이 나서 하나라도 더 가르쳐 드리고 싶습니다. 하나님 아버지의 마음도 이와 같지 않으실까요? 삶의 모든 부분을 그분께 의뢰하는 자녀들을 보실 때에 사랑스럽지 않으실까요? 그분의 말씀에 귀 기울이며 그 말씀대로 살아가고자 애쓰는 자녀들을 보실 때에 기쁘지 않으실까요?

"하나님 제가 이 길로 가는 것이 맞나요? 만약 아니라고 하시면 가지 않겠습니다. 제 삶의 기준은 오직 하나님이시기 때문입니다."

질문은 자신을 낮추고 질문하는 대상을 신뢰하는 것에서부터 시작됩니다. 또한 묻는 대상에게 답이 있다는 것이 전제되어야만 가능합니다. 저는 이 모든 것을 '기도'라고 표현하고 싶습니다. 우리는 기도를 통하여 하나님과 대화하며 친밀한 교제를 나눌 수 있습니다.

기도는 하나님을 향한 나의 신뢰를 증명하는 것일 뿐 아니라 예수님과의 동행을 가능케 합니다. 동행은 그 자체가 대화를 전제로 하기 때문입니다. 저도 동행 쇼핑을 할 때에 고객들과 대화를 많이 나누는데 그렇게 서로의 마음을 나누면 나눌수록 결과가 훨씬 더 좋습니다.

기도의 유익 중 하나는 하나님께서 우리의 기도를 들으시고 우리 마음과 생각을 지켜 주신다는 것입니다. 세상은 마음을 지키고 싶으면 명상, 운동 등 이것저것을 하라고 하지만 그런 것들로는 절대 우리 마음과 생각을 지킬 수 없습니다. 오직 우리의 마음을 만드신 하나님만이 가장 완전하게 지켜 주실 수 있습니다.

> "아무것도 염려하지 말고 다만 모든 일에 기도와 간구로, 너희 구할 것을 감사함으로 하나님께 아뢰라 그리하면 모든 지각에 뛰어난 하나님의 평강이 그리스도 예수 안에서 너희 마음과 생각을 지키시리라." 빌립보서 4:6-7

저는 누워 있을 때나 일어나 있을 때나 언제든지 기도합니다. 끊임없이 하나님과 대화하고 그분을 의지합니다. 제 힘으로는 아무것도 할 수 없고 제가 제 스스로를 구원할 수 없음을 잘 알고 있기 때문입니다. 하나님은 제가 어느 때든 주께 기도드리면 저를 붙들어 주시고 그분의 평강으로 덮어 주십니다.

어느 설문조사에서 본 내용입니다. '이성에게 안 좋은 인상을 받을 때가 언제인가'라는 질문에 많은 사람들이 '구겨진 옷을 입고 있는 모습을 보았을 때'라고 응답했습니다. 그 이유는 그가 게을러 보이거나 자기관리를 하지 않는 것처럼 보이기 때문이라고 합니다. 사실 옷은 아무리 조심해도 주름지고 구겨질 수밖에 없습니다. 그래서 늘 관심과 관리가 필요합니다. 우리 역시 우리 영혼의 옷을 깨끗하고 아름답게 유지해야 합니다. 이를 위해 매일 말씀과 기도로 자기 자신을 깨끗하게 해야 합니다. 하나님은 그분께 나아오는 이들의 영혼의 옷을 깨끗이 씻어주실 것입니다.

우리는 성도의 온전한 삶을 살기 위하여 말씀과 기도를 삶의 중심으로 삼고 하나님과 늘 동행해야 합니다. 그분과 동행할 때에야 비로소 외로움의 옷, 두려움의 옷, 분노의 옷이 벗겨지고 하나님이 입혀 주시는 사랑과 절제의 옷, 능력의 옷을 입게 될 것입니다.

혹여 지금 힘든 현실로 인하여 걱정하거나 두려워하고 있다면 지금 바로 당신을 사랑하시는 그분께 나아가 기도하십시오. 하나님은 당신을 그분의 사랑과 평안으로 감싸주실 것입니다.

"하나님의 말씀과 기도로 거룩하여짐이라." 디모데전서 4:5

chapter 16

당신의 옷은 무엇이 특별한가요

지금 이 시대는 성경 속 사사시대(B.C.1390-1050년경)와 참 비슷합니다. 어둠과 혼돈이 가득한 이 땅에 사람들의 신음소리와 울부짖음이 끊이지 않고, 피조물이 탄식하며 유일한 소망되시는 한 분만을 기다리고 있습니다.

"피조물이 다 이제까지 함께 탄식하며 함께 고통을 겪고 있는 것을 우리가 아느니라." 로마서 8:22

역사의 주관자이신 하나님은 결코 실수하지 않으시는 분입니다. 우리를 지키시는 그분은 졸지도 않으시고 주무시지도 않으십니다. 지금도 우리를 구원하시기 위하여 일하고 계십니다.

"이스라엘을 지키시는 이는 졸지도 아니하시고 주무시지도 아니하시리로다 여호와는 너를 지키시는 이시라 여호와께서 네 오른쪽에서 네 그늘이 되시나니 낮의 해가 너를 상하게 하지 아니하며 밤의 달도 너를 해치지 아니하리로다 여호와께서 너를 지켜 모든 환난을 면하게 하시며 또 네 영혼을 지키시리

로다 여호와께서 너의 출입을 지금부터 영원까지 지키시리로다." _{시편 121:4-8}

하나님은 우리가 그분의 영원한 나라인 '하나님의 도성'(the city of the living God, the heavenly Jerusalem)에 들어갈 그날까지 우리를 지켜 주실 것입니다(시편 121:8). 하나님을 바라보면 아무리 짙은 어둠 가운데 있다 할지라도 언제나 소망이 있습니다.

사사시대는 하나님을 진심으로 섬기지 않고 각자의 소견에 옳은 대로 살아가던 시대였습니다. 어느 때든 하나님을 인정하지 않는 시대는 어두울 수밖에 없습니다. 오직 하나님만이 참빛이시요 빛의 근원이시기 때문입니다. 그러나 빛이신 하나님을 찾는 한 사람만 있다면 그 시대는 소망이 있습니다.

"참빛 곧 세상에 와서 각 사람에게 비취는 빛이 있었나니 그가 세상에 계셨으며 세상은 그로 말미암아 지은 바 되었으되 세상이 그를 알지 못하였고." 요한복음 1:9-10

하나님이 일하시는 방식은 특별합니다. 그분은 강한 다수가 아닌 연약한 한 사람을 통하여 그분의 일을 이루어 가십니다. 사사시대 때도 그러했습니다. 지금부터 하나님께 나아가 예배한 어느 여인의 이야기를 들려드리겠습니다. 그녀의 이름은 '한나'입니다. 제 이름도 한나로 저희 아버지가 지어주신 이름입니다.

'하나님의 은혜'라는 뜻을 가진 이 이름은 늘 예수 그리스도의 피로 구원받은 은혜를 상기시켜 줍니다.

한나를 통해 나타난 하나님의 특별한 계획

한나에게는 큰 아픔이 있었는데, 그것은 임신하지 못하는 것이었습니다. 그의 남편은 한나를 무척 사랑했지만 또 다른 아내 브닌나를 통해서만 자식이 있었습니다. 그래서 브닌나는 자식이 없는 한나를 조롱하고 그녀의 마음을 격동케 하였습니다. 하지만 생명을 주관하시는 분은 오직 하나님이십니다. 한나가 아이를 갖지 못한 것은 하나님의 특별한 계획이 있었기 때문입니다.

"여호와께서 그에게 임신하지 못하게 하시므로 그의 적수인 브닌나가 그를 심히 격분하게 하여 괴롭게 하더라 매년 한나가 여호와의 집에 올라갈 때마다 남편이 그같이 하매 브닌나가 그를 격분시키므로 그가 울고 먹지 아니하니 그의 남편 엘가나가 그에게 이르되 한나여 어찌하여 울며 어찌하여 먹지 아니하며 어찌하여 그대의 마음이 슬프냐 내가 그대에게 열 아들보다 낫지 아니하냐 하니라." 사무엘상 1:6-8

한나는 마음이 괴로워 하나님께 나아가 기도하고 통곡했습니다. 그리고 그때 자신에게 아들을 주시면 그를 하나님께 드리겠다고 서원했습니다.

> "한나가 마음이 괴로워서 여호와께 기도하고 통곡하며 서원하여 이르되 만군의 여호와여 만일 주의 여종의 고통을 돌보시고 나를 기억하사 주의 여종을 잊지 아니하시고 주의 여종에게 아들을 주시면 내가 그의 평생에 그를 여호와께 드리고 삭도를 그의 머리에 대지 아니하겠나이다." 사무엘상 1:10-11

하나님은 한나를 생각하시고 그녀에게 아들을 주셨습니다. 그녀가 낳은 아들의 이름은 '사무엘'이고 그 뜻은 '내가 여호와께 그를 구하였다'입니다. 이처럼 우리 하나님은 그분께 나아와 전심으로 기도하는 자에게 반드시 응답해 주십니다.

> "엘가나가 그의 아내 한나와 동침하매 여호와께서 그를 생각하신지라 한나가 임신하고 때가 이르매 아들을 낳아 사무엘이라 이름하였으니 이는 내가 여호와께 그를 구하였다 함이더라." 사무엘상 1:19-20

기도 응답을 받은 한나는 하나님께 서원한 것을 잊지 않고 아들이 젖을 떼자마자 하나님께 드렸습니다. 위급한 문제가 해

결되고 나면 하나님과의 약속을 잊는 사람들이 많은데, 한나는
그렇지 않았습니다.

> "한나가 이르되 내 주여 당신의 사심으로 맹세하나이다 나는
> 여기서 내 주 당신 곁에 서서 여호와께 기도하던 여자라 이 아
> 이를 위하여 내가 기도하였더니 내가 구하여 기도한 바를 여호
> 와께서 내게 허락하신지라 그러므로 나도 그를 여호와께 드리
> 되 그의 평생을 여호와께 드리나이다 하고 그가 거기서 여호와
> 께 경배하니라." 사무엘상 1:26-28

갓 젖을 뗀 아기를 품에서 떼어내는 것이 한나에게는 얼마나
큰 고통이었을까요? 저는 감히 상상도 할 수 없는 일입니다. 한
나가 그렇게 할 수 있었던 이유는 하나님을 향한 사랑과 신뢰가
있었기 때문입니다. 사무엘을 낳고 하나님께 드린 한나의 기도
를 보면 이를 알 수 있습니다.

> "내 마음이 여호와로 말미암아 즐거워하며 내 뿔이 여호와로
> 말미암아 높아졌으며 내 입이 내 원수들을 향하여 크게 열렸으
> 니 이는 내가 주의 구원으로 말미암아 기뻐함이니이다 여호와
> 와 같이 거룩하신 이가 없으시니 이는 주 밖에 다른 이가 없고
> 우리 하나님 같은 반석도 없으심이니이다 심히 교만한 말을 다
> 시 하지 말 것이며 오만한 말을 너희의 입에서 내지 말지어다

여호와는 지식의 하나님이시라 행동을 달아 보시느니라 용사의 활은 꺾이고 넘어진 자는 힘으로 띠를 띠도다 풍족하던 자들은 양식을 위하여 품을 팔고 주리던 자들은 다시 주리지 아니하도다 전에 임신하지 못하던 자는 일곱을 낳았고 많은 자녀를 둔 자는 쇠약하도다 여호와는 죽이기도 하시고 살리기도 하시며 스올에 내리게도 하시고 거기에서 올리기도 하시는도다 여호와는 가난하게도 하시고 부하게도 하시며 낮추기도 하시고 높이기도 하시는도다 가난한 자를 진토에서 일으키시며 빈궁한 자를 거름더미에서 올리사 귀족들과 함께 앉게 하시며 영광의 자리를 차지하게 하시는도다 땅의 기둥들은 여호와의 것이라 여호와께서 세계를 그것들 위에 세우셨도다 그가 그의 거룩한 자들의 발을 지키실 것이요 악인들을 흑암 중에서 잠잠하게 하시리니 힘으로는 이길 사람이 없음이로다 여호와를 대적하는 자는 산산이 깨어질 것이라 하늘에서 우레로 그들을 치시리로다 여호와께서 땅 끝까지 심판을 내리시고 자기 왕에게 힘을 주시며 자기의 기름 부음을 받은 자의 뿔을 높이시리로다."

사무엘상 2:1-10

한나의 마음은 여호와를 향한 찬송으로 가득 채워져 있었습니다. 그녀는 창조주 하나님의 권위를 인정하였고 그분이 심판자이심을 굳게 믿었습니다. 하나님 앞에서 살아가는 그녀의 삶은 기쁨과 감사, 그리고 사망 가운데서 구원하시는 하나님을 향한 경외로 넘쳤습니다. 그녀의 이러한 믿음은 다음 세대인 아들 사무엘에게도 이어졌습니다.

에봇, 특별하고 거룩한 옷

한나는 어린 사무엘에게 특별한 옷을 지어 입혔습니다. 그 옷의 이름은 '에봇'입니다.

> "사무엘은 어렸을 때에 세마포 '에봇'을 입고 여호와 앞에서 섬 겼더라 그의 어머니가 매년 드리는 제사를 드리러 그의 남편과 함께 올라갈 때마다 작은 겉옷을 지어다가 그에게 주었더니."
>
> 사무엘상 2:18-19

에봇은 대제사장(성막에서 제사의 일을 담당하는 제사장들 중 가장 높은 제사장)이 입는 옷으로 소매 부분이 없는 긴 조끼처럼 생긴 옷입니다. 한 나는 매년 하나님께 예배하러 성전에 오를 때마다 사무엘에게 자신이 정성껏 지은 새 에봇을 입혀 주었습니다. 어쩌면 그때 아들에게 이렇게 말했을지도 모릅니다.

"사랑하는 아들 사무엘아, 절대로 이 옷을 더럽히지 말아라. 너는 하나 님의 자녀이니 이 옷을 입을 때마다 네가 구별된 자임을 기억하고 늘 거룩하게 살아야 한단다. 네가 그분의 자녀임을 한시도 잊지 말렴.”

어린 사무엘은 어머니가 지어준 에봇을 입고 하나님을 섬기는 아이로 거룩하게 자랐습니다.

“그 아이는 제사장 엘리 앞에서 여호와를 섬기니라.” 사무엘상 2:11

구원받은 하나님의 백성인 우리에게도 거룩한 에봇이 필요합니다. 우리는 에봇을 입고 세상과 구별된 삶을 살아가야 합니다. 우리가 소망하는 나라는 이 세상이 아닌 장차 올 영원한 하나님의 나라(kingdom)이기 때문입니다.

“너희는 나에게 거룩할지어다 이는 나 여호와가 거룩하고 내가 또 너희를 나의 소유로 삼으려고 너희를 만민 중에서 구별하였음이니라.” 레위기 20:26

하나님이 거룩하시기에 그분의 백성인 우리도 거룩해야 합니다. 거룩은 하나님의 말씀에 순종하는 것입니다. 세상이 추구하는 돈, 명예 등을 따르는 것이 아닌 여호와 하나님을 사랑하고 그분만을 섬기는 것입니다. 우리가 거룩의 옷을 입고 세상과 구별될 때, 하나님은 우리를 통하여 일하실 것입니다.

거룩한 성도의 삶의 열매는 아름답습니다. 저도 제 딸이 하나님을 섬기는 거룩한 삶을 살아가길 소망하며 그 이름을 '열매'라고 지었습니다. 다음은 거룩하게 살아가는 성도가 맺는 성령의 아홉 가지 열매입니다.

> "오직 성령의 열매는 사랑과 희락과 화평과 오래 참음과 자비와 양선과 충성과 온유와 절제니 이같은 것을 금지할 법이 없느니라." 갈라디아서 5:22-23

우리는 스포츠 경기를 볼 때에 유니폼의 컬러와 디자인으로 팀을 구분합니다. 이와 같이 옷은 그 옷을 입은 사람의 소속과 그의 구별됨을 나타냅니다. 거룩한 하나님의 백성인 우리는 거룩한 에봇을 입고 이 세상과 구별되어야 합니다. 죄악 된 세상에서 매순간 하나님의 자녀임을 상기하고 거룩하게 살아야 합니다.

당신 스스로는 거룩한 에봇을 입을 수 없지만 예수 그리스도를 바라보고 그분을 따르면 어느새 그리스도로 옷 입고 있는 자신을 발견하게 될 것입니다. 하나님께서 반드시 당신을 거룩한 길로 인도해 주실 것입니다.

> "주의 권능의 날에 주의 백성이 거룩한 옷을 입고 즐거이 헌신하니 새벽이슬 같은 주의 청년들이 주께 나오는도다." 시편 110:3

당신은 왕의 자녀로서 그 신분에 맞는 옷을 입어야 합니다. 그때 당신은 당신을 어둠에서 불러내어 놀라운 빛 가운데로 인도해 주신 하나님의 아름다운 덕을 선포하게 될 것입니다.

"보잘것없는 저를 잊지 않으시고 구원해 주신 하나님, 제가 그 은혜를 어찌 다 갚을 수 있을까요. 이제 저는 죄로 물든 세상의 옷이 아닌 주님의 거룩한 피로 씻겨진 깨끗한 에봇을 입고 살아가겠습니다. 제가 세상과 구별된 거룩한 옷을 입고 주님만을 따르도록 인도해 주세요."

"너희는 택하신 족속이요 왕 같은 제사장들이요 거룩한 나라요 그의 소유된 백성이니 이는 너희를 어두운 데서 불러내어 그의 기이한 빛에 들어가게 하신 이의 아름다운 덕을 선포하게 하려 하심이라." 베드로전서 2:9

chapter 17

전쟁 시에는 전투복을 입어야 합니다

제가 만나는 고객은 크게 두 부류로 나뉩니다. 한 부류는 의상 센스를 높이고 싶은 '자기계발'이 목적인 이들이고, 다른 한 부류는 제가 전문적으로 다루는 분야인 '싸워 승리하는 것'이 목적인 이들입니다. 여기서 후자는 정치인과 CEO처럼 자신의 이미지가 비즈니스나 성과에 큰 영향을 끼치는 직업군을 가진 이들을 가리킵니다. 그들은 자신의 스타일에 따라 매출이 올라가기도 하고 하락하기도 합니다. 넥타이 컬러 하나로 선거의 당락이 결정되기도 합니다. 그 이유는 눈에 들어오는 이미지가 사람의 마음을 설득하는 힘이 있기 때문입니다.

싸워 승리하는 것이 목적인 그들에게 의상이란 '전투복'과 같아서 스타일링에도 특별한 전략이 필요합니다. 먼저, 가장 이상적인 하나의 이미지를 목표로 세우고 그것을 실제로 이끌어내기 위하여 의상, 액세서리, 헤어스타일, 메이크업 등을 설계합니다.

평상시에 입는 옷과 전쟁 시에 입는 옷은 반드시 구별되어야 합니다. 전쟁 중인데 평상복을 입고 전쟁터로 나가면 적의 공격에 쉽게 당할 수밖에 없습니다. 우리가 치르는 전쟁은 눈에 보이지 않지만 아주 치열합니다. 그 전쟁은 우리의 대적 '사탄'과의 전투로 예수님이 이 땅에 다시 오실 때까지 피할 수 없습니다. 이 전쟁에서 우리는 대적으로부터 우리 자신을 보호하고 승리하기 위하여 아주 특별한 '전투복'을 입어야 합니다.

적에 대해서 알기

전쟁에 맞는 전투복을 선택하려면 먼저 적이 누구인지, 얼마나 센지, 그리고 어떤 무기를 사용하는지 파악해야 합니다. 우리가 싸워야 할 대상은 바로 '사탄'이고 다음 말씀을 통해 그의 특징을 알 수 있습니다.

> "근신하라 깨어라 너희 대적 마귀가 우는 사자같이 두루 다니며 삼킬 자를 찾나니." 베드로전서 5:8
> "이제 이 세상에 대한 심판이 이르렀으니 이 세상의 임금이 쫓겨나리라." 요한복음 12:31
> "…사탄도 자기를 광명의 천사로 가장하나니." 고린도후서 11:14

우는 사자같이 두루 다니며 삼킬 자를 찾는 사탄은 공중의 권세를 잡은(히브리서 2:2) 이 세상의 임금입니다. 때로는 광명의 천사로 가장하여 우리를 속이기도 합니다. 사탄의 최종 목적은 영혼을 도둑질하는 것입니다. 즉, 죽는 순간까지 예수님을 믿지 못하도록 미혹하여 자신과 함께 영원한 지옥으로 떨어지는 것입니다. 또한 하나님이 택하신 자녀들을 끊임없이 미혹하여 하나님과 멀어지게 만드는 것입니다. 하나님과 멀어지면 사탄에게 끌려 다닐 수밖에 없기에 우리는 늘 깨어 주님과 동행해야 합니다.

> "그 때에 너희는 그 가운데서 행하여 이 세상 풍조를 따르고 공중의 권세 잡은 자를 따랐으니 곧 지금 불순종의 아들들 가운데서 역사하는 영이라." 에베소서 2:2

때로 사탄은 사람에게 부와 명예를 주어 하나님을 찾지 않게 만들기도 하고 아주 가난하게 하여 하나님을 원망하게도 만듭니다. 미디어를 통하여 하나님과 멀어지는 메시지를 퍼트리기도 하고 세상을 사랑하게 만들기도 합니다. 하나님을 대적하는 노래, 영화, 드라마 등을 통하여 분열과 음란을 조장하기도 합니다. 그러나 하나님을 믿는 우리는 사탄을 두려워할 필요가 전혀 없습니다. 결국 사탄은 심판 날에 영원한 불에 던져질 것이기 때문입니다.

> "또 왼편에 있는 자들에게 이르시되 저주를 받은 자들아 나를 떠나 마귀와 그 사자들을 위하여 예비된 영원한 불에 들어가라." 마태복음 25:41

겉으로 보기에는 나의 대적이 어떠한 사람으로 보일 수도 있고 어떠한 사건으로 나타날 수도 있지만, 우리가 싸워야 할 진짜 대상은 사탄입니다.

"우리의 씨름은 혈과 육을 상대하는 것이 아니요 통치자들과 권세들과 이 어둠의 세상 주관자들과 하늘에 있는 악의 영들을 상대함이라." 에베소서 6:12

지금 이 순간에도 사탄은 예수 그리스도를 향한 우리의 마음을 **빼앗기** 위하여 우는 사자처럼 두루 다니며 삼킬 자를 찾고 있습니다. 세상 관심사로 유혹하여 하나님의 말씀을 읽지 못하고 기도하지 못하게 하고 있습니다. 그러나 결국 우리는 승리할 것입니다. 하나님이 이 영적 전투에서 승리할 수 있도록 아주 특별한 옷, 전신 갑주(全身甲胄, full armor)를 준비해 두셨기 때문입니다.

하나님의 전신 갑주 입기

"끝으로 너희가 주 안에서와 그 힘의 능력으로 강건하여지고 마귀의 간계를 능히 대적하기 위하여 하나님의 전신 갑주를 입으라 우리의 씨름은 혈과 육을 상대하는 것이 아니요 통치자들과 권세들과 이 어둠의 세상 주관자들과 하늘에 있는 악의 영들을 상대함이라 그러므로 하나님의 전신 갑주를 취하라 이는 악한 날에 너희가 능히 대적하고 모든 일을 행한 후에 서기 위함이라 그런즉 서서 진리로 너희 허리 띠를 띠고 의의 호심경을 붙이고 평안의 복음이 준비한 것으로 신을 신고 모든 것 위에 믿음의 방패를 가지고 이로써 능히 악한 자의 모든 불화살을 소멸하고 구원의 투구와 성령의 검 곧 하나님의 말씀을 가지라." 에베소서 6:10-17

하나님은 우리에게 전신 갑주를 입으라고 명하십니다. 전신 갑주는 사탄의 공격으로부터 우리 자신을 보호하고 사탄을 대적하기 위하여 반드시 입어야 할 거룩한 옷입니다. 지금부터 영적 전투복장에 대하여 세세히 나누도록 하겠습니다.

첫 번째 영적 전투복장: 진리의 허리띠

"그런즉 서서 진리로 너희 허리 띠를 띠고…." 에베소서 6:14

우리는 무언가를 이루기 위하여 새로운 결의와 각오로 임하는 것을 '허리띠를 조르다'라는 말로 표현합니다. 허리띠는 이렇게 비유적 표현으로 사용되곤 하는데, 이 말씀에서 허리띠는 영적 무장 상태를 나타내며 '진리의 말씀'을 가리킵니다.

우리가 하나님의 말씀에 귀를 기울이고 순종하면, 진리로 굳게 서서 대적의 공격에 넘어지지 않을 수 있습니다. 진리의 말씀으로 우리 마음과 생각을 도배하면, 영적으로 무장되어 승리할 수 있습니다.

두 번째 영적 전투복장: 의의 흉배(호심경)

"의의 흉배를 붙이고." 에베소서 6:14, 개역한글

두 번째는 의의 흉배입니다. 흉배는 적의 공격으로부터 심장을 보호하기 위하여 만든 갑옷입니다.

우리는 적의 불화살을 막기 위하여 흉배에 물을 적시고 전쟁터로 나간 용사들처럼 예수 그리스도의 피로 적셔진 의의 흉배를 입고 심장과도 같은 우리 마음을 보호해야 합니다. 보배로운 피로 우리 죄를 씻어 주시고 의의 옷을 입혀 주신 예수 그리스도를 의지해야만 적의 공격에서 살아남을 수 있기 때문입니다. 사탄은 의로우신 예수 그리스도를 두려워합니다.

때로 사탄은 우리 마음에 정죄감을 주어 주님과 멀어지게 만들기도 합니다. 정죄감에 깊이 빠지면 사탄의 공격에 제대로 방어할 수 없기 때문입니다. 그때마다 우리는 나의 의가 아닌 의로우신 예수님의 의의 흉배를 입고 마음을 지켜야 합니다.

"그러므로 이제 그리스도 예수 안에 있는 자에게는 결코 정죄
함이 없나니." 로마서 8:1

사탄이 이렇게 여러 모양으로 우리의 마음을 공격하는 이유
는 '마음'이 바로 생명의 근원이기 때문입니다.

"모든 지킬 만한 것 중에 더욱 네 마음을 지키라 생명의 근원이
이에서 남이니라." 잠언 4:23

우리는 구원이 우리의 행위가 아닌 하나님의 은혜로, 정죄
감이 아닌 믿음에서 난다는 것을 반드시 기억해야 합니다. 사탄
이 "너는 구원받을 만한 존재가 아니야. 하나님은 널 버리셨어"
라는 거짓 진리로 공격할 때마다 의의 흉배를 입고 마음을 굳게
지켜야 합니다.

세 번째 영적 전투복장: 평안의 복음의 신

"평안의 복음이 준비한 것으로 신을 신고." 에베소서 6:15

패션에서 신발은 아주 중요합니다. 의복을 완성시키기 때문입니다. 아무리 멋진 옷을 입고 있더라도 신발이 의상과 맞지 않으면 패션 테러리스트가 되고 맙니다. 이미지가 중요한 직업을 가진 고객은 신발에 투자를 많이 합니다. 그 이유는 신발이 그 사람의 성격, 깨끗함, 부지런함 등을 암묵적으로 표현하여 비즈니스에 영향을 주기 때문입니다. 마찬가지로 영적 전투에서도 어떤 신발을 신느냐는 아주 중요한 문제입니다.

이 말씀이 기록된 당시에는 칼리가(caliga)라고 불리는 로마시대 군화가 있었습니다. 바닥이 튼튼하게 제작된 칼리가는 '단단하다'라는 뜻을 가진 'callus'에서 유래한 이름입니다. 그렇다면 '평안의 복음이 준비한 것으로 신을 신는다'는 말씀은 어떤 의미일까요?

전쟁은 그 자체가 큰 두려움을 주고, 두려움은 패배의 주요 요인이 됩니다. 성경은 두려움을 몰아낼 수 있는 것은 오직 온전한 사랑밖에 없다고 가르칩니다.

"사랑 안에 두려움이 없고 온전한 사랑이 두려움을 내쫓나니 두려움에는 형벌이 있음이라 두려워하는 자는 사랑 안에서 온전히 이루지 못하였느니라." 요한일서 4:18

일평생 죽기를 두려워하여 전쟁과 같은 삶을 사는 우리에게 영원한 생명을 주신 그리스도의 사랑의 복음(good news)은 모든 두려움을 몰아내기에 충분합니다. 그 복음이 바로 우리가 영적 전쟁에서 신고 버틸 수 있는 군화입니다.

당신은 이미 온전한 사랑을 누리고 있습니다. 영생이신 예수 그리스도를 이미 소유하고 있습니다. 그러니 아무것도 두려워할 필요가 없습니다. 언제 어디서나 강하고 담대하십시오. 두려움에 떨지 말고 평안하십시오. 세상이 말하는 거짓 복음은 우리를 두렵게 만든다는 것을 기억하고 늘 주의하십시오. 천지를 지으신 여호와 하나님이 당신과 함께 하십니다. 전쟁은 여호와께 속한 것이므로 그분이 당신을 위하여 끝까지 싸워 주실 것입니다.

"또 여호와의 구원하심이 칼과 창에 있지 아니함을 이 무리에게 알게 하리라 전쟁은 여호와께 속한 것인즉 그가 너희를 우리 손에 넘기시리라." 사무엘상 17:47

우리가 복음의 신을 신고 평안할 수 있는 이유는 승리가 보장되어 있기 때문입니다. 앞에서 살펴본 창세기 말씀처럼 '여자의 후손이 뱀의 머리를 밟을 것'(창세기 3:15)이라는 하나님의 선포가 바로 이 전쟁의 결과입니다.

예수님께서 이미 십자가에서 승리하셨습니다. 그러니 평안의 복음의 신을 신고 담대히 걸어가십시오. 그 길의 끝에는 승리의 면류관이 준비되어 있습니다.

"우리 주 예수 그리스도로 말미암아 우리에게 승리를 주시는 하나님께 감사하노니." 고린도전서 15:57

네 번째 영적 전투복장: 믿음의 방패

"모든 것 위에 믿음의 방패를 가지고 이로써 능히 악한 자의 모든 불화살을 소멸하고." 에베소서 6:16

하나님은 우리에게 적의 공격을 방어할 믿음의 방패를 가지라고 명하십니다. 구원받은 자들에게 믿음은 필수이며 이는 결코 추상적이지 않습니다. 믿음은 내가 믿는 대상에 대한 신뢰에서 나오며 우리가 믿는 대상은 우주 만물의 주관자이신 하나님입니다. 또한 믿음은 하나님의 선물입니다.

"너희는 그 은혜에 의하여 믿음으로 말미암아 구원을 받았으니 이것은 너희에게서 난 것이 아니요 하나님의 선물이라." 에베소서 2:8

연약한 우리는 상황과 환경에 따라 믿음이 흔들리곤 합니다. 때론 믿음이 아닌 내 힘과 세상의 방법을 의지하기도 합니다. 우리가 영적 전쟁에서 승리하려면 먼저 하나님을 향한 신뢰가

든든히 세워져 있어야 합니다. 하나님이 내 삶을 이끌어 가신다는 것을 굳게 신뢰해야 합니다. 그러면 믿음으로 고난을 통과하고 믿음으로 모든 어려움을 이겨나가며 불가능이 가능케 될 것입니다.

> "예수께서 대답하여 이르시되 내가 진실로 너희에게 이르노니 만일 너희가 믿음이 있고 의심하지 아니하면 이 무화과나무에게 된 이런 일만 할 뿐 아니라 이 산더러 들려 바다에 던져지라 하여도 될 것이요." 마태복음 21:21

다섯 번째 영적 전투복장: 구원의 투구

> "구원의 투구 … 가지라." 에베소서 6:17

신체 중에서 가장 중요한 부분은 머리입니다. 전쟁 시에는 머리를 보호하기 위해 철모를 쓰고 싸웁니다. 그렇다면 말씀에 나오는 구원의 투구는 무엇을 의미하는 것일까요?

우리의 머릿속은 영적 전쟁터입니다. 머릿속에 끊임없이 떠오르는 죄악 된 생각은 우리의 신앙을 흔들어 놓습니다. 그래서 신앙의 싸움을 생각의 싸움이라 표현해도 과언이 아닙니다. 사탄은 사람에게 거짓을 심고 그 거짓된 생각에 사로잡혀 한평생 하나님을 믿지 못하도록 만듭니다. 우리 인생을 망가뜨리기 위하여 유년 시절부터 거짓된 자아상을 심어 놓기도 합니다. 우리는 우리의 대적이 거짓말쟁이요 거짓의 아비임을 잊지 말아야 합니다. 사탄이 거짓으로 우리의 생각을 공격한다는 것을 명심하고 늘 주의해야 합니다.

> "너희는 너희 아비 마귀에게서 났으니 너희 아비의 욕심대로 너희도 행하고자 하느니라 그는 처음부터 살인한 자요 진리가 그 속에 없으므로 진리에 서지 못하고 거짓을 말할 때마다 제 것으로 말하나니 이는 그가 거짓말쟁이요 거짓의 아비가 되었음이라." 요한복음 8:44

사탄은 우리가 하나님의 자녀로 살아가지 못하도록 "하나님은 너 같은 죄인을 구원하시지 않아", "저 사람을 절대로 용서하지 마"와 같은 거짓으로 공격합니다. 또한 진리를 알지 못하도록 "하나님은 없어", "죽으면 다 끝이야", "너만 믿고 가면 성공할 수 있어", "세상에는 너밖에 믿을 사람이 없어"와 같은 거짓을 심습니다. 사탄이 당신에게 심은 거짓말은 무엇입니까? 이 시간 구원의 투구를 쓰고 그 거짓을 분별해내십시오. 우리는 영적인 머리를 보호해야만 진리 안에 거할 수 있습니다.

거짓되고 악한 생각을 그대로 방치하지 마십시오. 그러면 잡초가 무성해지듯 거짓이 마음과 생각을 장악해버리고 말 것입니다. 더 나아가 견고한 진이 되어 쉽게 제거할 수 없는 쓴 뿌리가 되고 말 것입니다.

오직 진리이신 예수님을 바라보며 구원의 투구를 쓰십시오. 우리의 머리 되시며 구원자 되시는 분은 오직 예수 그리스도 한 분이십니다. 그분 외에 구원 받을 수 있는 방법은 아무것도 없습니다.

"내가 문이니 누구든지 나로 말미암아 들어가면 구원을 받고 또는 들어가며 나오며 꼴을 얻으리라." 요한복음 10:9

사탄이 공격할 때마다 "나는 예수 그리스도의 피로 구원받은 하나님의 자녀이다. 너는 나를 공격할 수 없다. 예수 그리스도의 이름으로 떠나가라!"고 담대히 선포하십시오. 하나님께 복종하고 마귀를 대적할 때, 마귀는 당신을 피할 것입니다.

"그런즉 너희는 하나님께 복종할지어다 마귀를 대적하라 그리하면 너희를 피하리라." 야고보서 4:7

여섯 번째 영적 전투복장: 성령의 검

"…성령의 검 곧 하나님의 말씀을 가지라." 에베소서 6:17

지금까지 우리가 나눈 것들이 방어를 위한 것이었다면 성령의 검은 공격을 위한 유일한 무기입니다. 사탄을 공격하는 무기는 성령의 검, 즉 하나님의 말씀입니다.

군인에게 체력은 아주 중요합니다. 치열한 전투를 하려면 엄청난 에너지가 필요합니다. 아무리 좋은 무기가 있더라도 군인들의 체력이 뒷받침되지 않으면 긴 전시 상황에서 패할 수밖에 없습니다. 그래서 군인은 먹는 양식에 특별히 신경을 써야 합니다. 인생이라는 긴 영적 전쟁터에서도 우리는 하늘 양식인 하나님의 말씀을 먹어야 합니다. 한 끼라도 굶으면 힘이 없듯 우리 안에 말씀이 없으면 사탄의 공격에 쉽게 무너질 수 있습니다. 그러나 하나님의 말씀으로 살아가는 사람은 언제나 승리할 것입니다.

"예수께서 대답하여 가라사대 기록되었으되 사람이 떡으로만 살 것이 아니요 하나님의 입으로부터 나오는 모든 말씀으로 살 것이라 하였느니라 하시니." 마태복음 4:4

당신은 죽을 몸을 위하여 음식에 집착하는 사람입니까, 아니면 영원한 생명을 위하여 하늘 양식을 구하는 사람입니까? 전쟁의 승패는 당신이 생명의 떡인 말씀을 어떠한 마음으로 얼마나 자주, 얼마나 많이 먹고 있느냐에 따라 결정될 것입니다.

그렇다면 하나님의 검은 얼마나 강하기에 사탄을 공격할 수 있을까요?

> "하나님의 말씀은 살아 있고 활력이 있어 좌우에 날선 어떤 검
> 보다도 예리하여 혼과 영과 및 관절과 골수를 찔러 쪼개기까지
> 하며 또 마음의 생각과 뜻을 판단하나니." 히브리서 4:12

성경은 한 자도 빠짐없이 성령의 감동으로 기록된 책입니다.
좌우에 날선 어떤 검보다도 예리한 하나님의 말씀은 우리의 영
을 살리고 잘못된 생각과 감정을 바로잡아 줍니다. 우리의 완고
한 자아의 고집을 꺾어 순종의 기쁨을 누리게 해 줍니다. 하나
님의 말씀을 즐거워하여 주야로 묵상하는 사람은 하는 모든 일
마다 형통할 것입니다.

> "오직 여호와의 율법을 즐거워하여 그의 율법을 주야로 묵상
> 하는도다 그는 시냇가에 심은 나무가 철을 따라 열매를 맺으며
> 그 잎사귀가 마르지 아니함 같으니 그가 하는 모든 일이 다 형
> 통하리로다 악인들은 그렇지 아니함이여 오직 바람에 나는 겨
> 와 같도다." 시편 1:2-4

풀은 마르고 꽃은 시드나 하나님의 말씀은 영원합니다. 천지
가 없어질지라도 하나님의 말씀은 결코 없어지지 않으며 한 단
어도 빠짐없이 모두 성취될 것입니다.

"진실로 너희에게 이르노니 천지가 없어지기 전에는 율법의 일점일획도 결코 없어지지 아니하고 다 이루리라." 마태복음 5:18

성도의 삶은 늘 전쟁터 한가운데 있습니다. 그러나 겁먹지 마십시오. 하나님이 친히 준비해 주신 전신 갑주를 입고 나아가면 반드시 승리할 것입니다. 그 전쟁은 우리의 영원한 승리로 끝날 것입니다! 그 승리의 날에 주님은 당신에게 면류관을 씌워 주시고 그 품에서 영원히 안식하게 해 주실 것입니다.

"시험을 참는 자는 복이 있나니 이는 시련을 견디어 낸 자가 주께서 자기를 사랑하는 자들에게 약속하신 생명의 면류관을 얻을 것이기 때문이라." 야고보서 1:12

chapter 18

사랑은 스타일링의 완성입니다

사랑의 진정한 정의는 무엇일까요? 이를 알고 싶다면 사랑이 언제 누구로부터 시작되었는가를 먼저 알아야 합니다. 성경에서는 사랑이 천지만물이 만들어지기 전, 즉 창세전부터 있었다고 말합니다.

> "곧 창세전에 그리스도 안에서 우리를 택하사 우리로 사랑 안에서 그 앞에 거룩하고 흠이 없게 하시려고 그 기쁘신 뜻대로 우리를 예정하사 예수 그리스도로 말미암아 자기의 아들들이 되게 하셨으니 이는 그가 사랑하시는 자 안에서 우리에게 거저 주시는 바 그의 은혜의 영광을 찬송하게 하려는 것이라." 에베소서 1:4-6

하나님은 창세전부터 당신을 그분의 자녀로 택하셨습니다. 이를 하나님의 '예정하심'이라고 말합니다. 하나님은 천지만물을 만드시기 전부터 당신이라는 귀한 존재를 이미 사랑하고 계셨습니다. 당신을 택하여 사랑하신 것이 아니라 사랑하시기에 택하신 것입니다. 사랑은 그 자체가 삼위일체 하나님의 속

성입니다.

"주께서 내 내장을 지으시며 나의 모태에서 나를 만드셨나이
다 내가 주께 감사하옴은 나를 지으심이 심히 기묘하심이라
주께서 하시는 일이 기이함을 내 영혼이 잘 아나이다 내가 은
밀한 데서 지음을 받고 땅의 깊은 곳에서 기이하게 지음을 받
은 때에 나의 형체가 주의 앞에 숨겨지지 못하였나이다 내 형
질이 이루어지기 전에 주의 눈이 보셨으며 나를 위하여 정한
날이 하루도 되기 전에 주의 책에 다 기록이 되었나이다." 시편
139:13-16

당신이 지금 이 땅에서 살아가는 것은 결코 우연이 아닙니
다. 비록 지금 고난 가운데 있다 할지라도 당신을 향한 그분의
계획은 선하고 완전합니다. 하나님은 당신의 이름을 부르며 즐
거워하십니다. 이 시간, 당신이 하나님께 얼마나 존귀하고 사랑
스러운 존재인지 마음 가득 느낄 수 있기를 소망합니다.

"너의 하나님 여호와가 너의 가운데에 계시니 그는 구원을 베
푸실 전능자이시라 그가 너로 말미암아 기쁨을 이기지 못하시
며 너를 잠잠히 사랑하시며 너로 말미암아 즐거이 부르며 기뻐
하시리라 하리라." 스바냐 3:17

하나님은 사랑의 창시자이자 사랑의 본체이십니다. 우리는 그분에게서 어떠한 어둠도 찾을 수 없습니다. 그분은 진실하며 선하십니다.

"사랑은 여기 있으니 우리가 하나님을 사랑한 것이 아니요 하나님이 우리를 사랑하사 우리 죄를 속하기 위하여 화목제물로 그 아들을 보내셨음이라." 요한일서 4:10

진정한 사랑을 알면 하나님을 알 수 있고, 하나님을 알면 진정한 사랑이 무엇인지 알 수 있습니다. 하나님은 그 사랑으로 우리를 위하여 예수 그리스도를 화목제로 보내셨습니다. 우리가 예수 그리스도를 믿음으로 더러운 옷을 벗고 의의 옷을 입으면 그 사랑이 심겨져 우리 안에 가득 피어나게 될 것입니다. 그것이 바로 복음입니다. 하나님이 입히시는 사랑의 옷은 생명력이 있습니다. 그 생명력은 아름답고 순결하여 모든 어둠을 물리칩니다. 세상은 영원한 사랑이란 없다고 외치지만 진정한 사랑은 영원합니다.

"모든 것을 참으며 모든 것을 믿으며 모든 것을 바라며 모든 것을 견디느니라 사랑은 언제까지나 떨어지지 아니하되." 고린도전서 13:7-8

그토록 찾아 헤맨 사랑

솔직히 저는 사랑과 거리가 먼 사람이었습니다. 예수님이 아니시면 사랑이 무엇인지조차 알지 못했을 것입니다. 물론 지금도 사랑 없는 모습을 종종 보이곤 합니다. 그럼에도 제가 사랑에 대하여 말할 수 있는 것은 지금 이 시간에도 저를 사랑해 주시는 하나님을 의지하고 있기 때문입니다.

저는 사랑하고 신뢰했던 사람들로부터 수차례 배신을 당하면서 버림받는 것에 대한 두려움을 갖기 시작했습니다. 그들은 원하는 것을 채워 주지 못하면 저를 버리고 떠났습니다. 이런 일이 반복되면서 제 자존감은 바닥까지 떨어졌고, 스스로도 '흠 있는 사람', '언젠가 또다시 버려질 사람'이라고 믿게 되었습니다. 그래서 사람들 앞에 서면 늘 경직되고 깊은 관계를 갖는 것이 어려웠습니다.

저는 그렇게 만신창이가 되어서야 하나님을 찾았습니다. "하나님은 날 버리지 않으실 거야"라는 마지막 희망을 붙들고 간절히 예배했습니다. 성경 말씀을 읽고 기도하며 하나님을 다시 붙잡기 시작한 어느 날, 제 마음 깊은 곳에서 하나님의 음성이 들려왔습니다. 바로 아가서 말씀이었습니다.

"나의 사랑 너는 어여쁘고 아무 흠이 없구나." 아가서 4:7

그전까지 제가 '알던' 하나님은 벌을 내리는 무서운 분이셨습니다. 그런데 제가 '만난' 하나님은 사랑이셨습니다. 그분의 음성은 어느 누구보다 따뜻했고 그분의 사랑은 제 모든 결핍을 채워 주었습니다. 그 사랑은 제 안에 사랑받지 못한 아픔, 인정받지 못한 설움, 버려질까 봐 두려워한 마음을 모두 어루만져 주고 해결해 주었습니다. 저를 있는 모습 그대로 사랑해 주신 그분은 제가 그토록 찾아 헤맨 사랑이었습니다. 그날 저는 하나님의 살아 계심을 경험했고 지금도 매 순간 제 맘을 어루만져 주시는 그분을 만나고 있습니다.

하나님의 사랑이 제 안을 가득 채우니 더 이상 사람이 두렵지 않았습니다. 그리고 저와 같은 관계의 아픔을 가진 사람들, 참사랑을 알지 못해 방황하는 사람들이 눈에 밟히기 시작했습니다. 그들을 바라볼 때면 그들을 향한 하나님의 긍휼한 마음과 애통한 마음이 부어져 제가 만난 사랑의 하나님을 그들에게 소개하지 않을 수 없었습니다.

아무리 유명한 심리상담가를 찾아가도 우리 마음을 온전히 치유 받을 수 없습니다. 우리는 우리 마음을 만드시고 온전히 치유하시는 하나님을 찾아야 합니다. 인간은 창조주의 사랑 안에서 참 자유를 누리고 행복할 수 있는 존재이기 때문입니다.

사탄은 "사랑을 버리면 더 행복해질 거야"라는 거짓으로 우리 영혼을 망가트리려 합니다. 그 말에 넘어간 사람들은 조금만 관계가 힘들어지면 소중한 사람을 버리고 자신의 이익을 위하여 관계를 깨뜨립니다. 그러나 이는 스스로를 망가뜨리고 불행하게 만들 뿐입니다. 사랑을 외면한 모든 선택은 결국 사망입니다. 우리는 어느 누구도 포기해서는 안 됩니다. 그 기한은 하나님이 그 관계를 허락하실 때까지입니다. 하나님도 그분을 떠난 당신을 포기하지 않고 사랑하셨다는 것을 기억하십시오.

> "사랑하는 자들아 하나님이 이같이 우리를 사랑하셨은즉 우리도 서로 사랑하는 것이 마땅하도다 어느 때나 하나님을 본 사람이 없으되 만일 우리가 서로 사랑하면 하나님이 우리 안에 거하시고 그의 사랑이 우리 안에 온전히 이루어지느니라 … 누구든지 하나님을 사랑하노라 하고 그 형제를 미워하면 이는 거짓말하는 자니 보는 바 그 형제를 사랑하지 아니하는 자는 보지 못하는 바 하나님을 사랑할 수 없느니라 우리가 이 계명을 주께 받았나니 하나님을 사랑하는 자는 또한 그 형제를 사랑할지니라." 요한일서 4:11-12,20-21

하나님을 진정으로 사랑하는 사람은 형제를 사랑할 수밖에 없습니다. 내가 받은 십자가의 사랑을 전할 수밖에 없습니다. 만일 은혜로 받은 그 사랑을 전하면서 대가를 바란다면 그것은 진짜 사랑이 아닙니다. 사랑은 99퍼센트가 아닌 100퍼센트여야 합니다. 우리가 서로 사랑할 때, 하나님도 우리 안에 거하실 것입니다.

"어느 때나 하나님을 본 사람이 없으되 만일 우리가 서로 사랑하면 하나님이 우리 안에 거하시고 그의 사랑이 우리 안에 온전히 이루어지느니라." 요한일서 4:12

물론 인간에게는 사랑할 능력이 없습니다. 하나님이 아니시면 무정하고 허망한 존재일 뿐입니다. 그래서 우리는 사랑의 본체이신 하나님을 굳게 붙잡아야 하고, 그리스도를 힘입어 그분을 본받아야 합니다. 날마다 하나님께 나아가 그분의 사랑을 구해야 합니다.

우리는 세상이 주는 명예의 옷, 정욕의 옷, 쾌락의 옷이 아닌 오직 그리스도로 옷 입고 서로 사랑해야 합니다. 하나님께 받은 사랑을 이웃에게 흘려보내야 합니다. 물이 고이면 썩어버리듯 하나님께 받은 사랑을 고이게 해서는 안 됩니다.

"우리는 낮에 속하였으니 근신하여 믿음과 사랑의 흉배를 붙이고…." 데살로니가전서 5:8, 개역한글

우리는 빛의 자녀로서 믿음과 사랑의 흉배를 입어야 합니다. 하나님을 믿는다고 말하면서 내 이웃을 사랑하지 않는다면 회개하고 그를 내 몸과 같이 사랑해야 합니다(마태복음 22:39). 나를 위한 정욕적인 사랑이 아닌 오래 참고 친절하며 자기의 유익을 구하지 않는 진정한 사랑을 해야 합니다.

십자가 사랑으로

사랑을 하면 창자가 뒤틀릴 정도로 아픕니다. 자기 자신을 부인해야만 진정한 사랑을 할 수 있고, 내가 죽어야만 상대방을 살릴 수 있기 때문입니다. 상대방을 진정으로 사랑하는 유일한 방법은 내가 그리스도의 십자가의 길을 걷는 것입니다. 상대방을 포기하지 않고 그를 위하여 눈물 흘리며 사랑으로 품는 것입니다. 그러면 마침내 그 사랑은 생명을 낳을 것입니다. 우리는 이를 경험하면 할수록 사랑이 얼마나 행복한 것인지를 알게 될 것입니다.

처음에 저는 사랑하는 것이 너무 어려웠습니다. 상대방을 오래 참아 주지 못하였고 제 유익이 먼저였습니다. 주는 것보다 받는 것이 훨씬 더 좋았습니다. 상대방이 내가 원하는 만큼 사랑해 주지 않으면 그를 통제하려 들고 사랑해 달라고 소리쳤습니다.

저는 사랑으로 인해 행복하기보다 오히려 절망하고 낙심했습니다. 상대방을 향해 분노하는 제 자신을 볼 때마다 죄 가운데서 신음했습니다. 하나님의 자녀가 되었음에도 여전히 변화되지 않는 제 자신을 볼 때마다 절망 가운데 몸부림쳤습니다. 이 문제는 오랫동안 매달려 기도해 보아도 해결되지 않는 것처럼 느껴졌습니다. 그럼에도 저는 포기하지 않고 사랑 없는 제 자신을 향하여 다음 말씀을 계속해서 선포했습니다.

"사랑은 오래 참고 사랑은 온유하며 시기하지 아니하며 사랑은 자랑하지 아니하며 교만하지 아니하며 무례히 행하지 아니하며 자기의 유익을 구하지 아니하며 성내지 아니하며 악한 것을 생각하지 아니하며 불의를 기뻐하지 아니하며 진리와 함께 기뻐하고 모든 것을 참으며 모든 것을 믿으며 모든 것을 바라며 모든 것을 견디느니라." 고린도전서 13:4-7

저는 이 말씀을 묵상하면 할수록 제 힘으로는 첫 구절인 "사랑은 오래 참고"도 온전히 지킬 수 없다는 것을 절실히 깨달았습니다. 제 안에 가득한 죄성을 발견할 때마다 행위로는 구원받을 수 없는 더러운 죄인임을 절실히 느꼈습니다. 아마도 저는 평생 이 한 구절을 붙들고 순종하기 위하여 몸부림치며 살아갈 것 같습니다.

자기사랑으로 똘똘 뭉쳐 있는 이 사망의 몸은 여전히 십자가에서 죽지 못하고 오래 참지 못하나 죄인인 저를 창세전부터 택하여 주신 하나님의 사랑을 힘입어 오늘도, 내일도 살아가리라 다짐합니다. 하나님께서 사랑 없는 저를 사랑으로 안아 주시고 그 사랑으로 변화시켜 주실 것을 믿기 때문입니다.

"나는 너를 끝까지 사랑할 거야. 그러니 포기하지 마. 나는 너를 천국으로 인도할 때까지 너를 오래 참아 줄 거야."

세상이 말하는 '언제든 내가 싫으면 끝내도 되는 사랑', '끌리는 대로만 하는 내 중심적인 사랑', '사랑할 자격이 있는 사람만 사랑하는 사랑'은 거짓입니다. 저는 고린도전서 13장에 나오는 말씀이 바로 사랑의 정의라고 믿습니다. 그리고 이 말씀이 가리키는 사랑을 완성하신 분이 바로 예수 그리스도이십니다. 예수님은 우리를 오래 참아 주셨고 지금도 기다려 주십니다. 그분은 사랑받기 위하여 우리를 무례하게 끌고 가지 않으십니다. 그분은 성내지 않으십니다. 우리를 결코 버리지 않으십니다. 모든 것을 참아 주시고 모든 것을 견뎌 주십니다. 저도 예수님의 제자가 되어 그분과 같은 온전한 사랑을 하고 싶습니다.

사랑의 흉배, 완전한 무장

이제 우리는 사랑하기 어려운 사람까지도 사랑하고 용서하기 어려운 사람까지도 용서해야 합니다. 이를 위하여 몸부림치면서 용서받지 못할 죄인인 나를 끝까지 사랑하신 예수님을 더욱 깊이 묵상해야 합니다. 우리는 그분으로 인하여 새 생명을 얻었습니다. 그렇다면 우리가 용서하지 못할 사람이 어디 있겠습니까?

우리는 영원한 사랑을 약속하신 언약에 기초하여 사랑해야 합니다. 대적 마귀는 우리가 서로 사랑할 때 공격하지 못합니다. 우리가 입은 사랑의 흉배가 그 공격을 막아 주기 때문입니다. 때로 미운 감정이 솟구치더라도 하나님의 말씀을 붙들고 사랑하십시오. 하나님이 주시는 마음은 사랑하고 절제하는 마음임을 기억하십시오. 서로 용납하고 용서하십시오. 혹 아직 당신이 용서하지 못한 사람이 있다면, 지금 이 시간 그를 사랑하고 용서할 수 있는 마음을 부어 주시길 기도합니다.

> "그러므로 너희는 하나님이 택하사 거룩하고 사랑 받는 자처럼 긍휼과 자비와 겸손과 온유와 오래 참음을 옷 입고 누가 누구에게 불만이 있거든 서로 용납하여 피차 용서하되 주께서 너희를 용서하신 것 같이 너희도 그리하고 이 모든 것 위에 사랑을 더하라 이는 온전하게 매는 띠니라." 골로새서 3:12-14

하나님의 택하신 거룩한 자녀로서 마땅히 입어야 할 사랑의 옷을 취하십시오. 그 옷은 주의 자녀들에게 가장 완벽한 스타일링입니다. 그 스타일은, 즉 당신을 향한 하나님의 사랑은 절대로 실패하지 않을 것입니다.

"서로 인자하게 하며 불쌍히 여기며 서로 용서하기를 하나님이 그리스도 안에서 너희를 용서하심과 같이 하라." 에베소서 4:32

chapter 19

지금 입고 있는 옷은 깨끗한가요

퍼스널 스타일리스트, 퍼스널 쇼퍼라는 직업은 다른 직업에 비해 예쁘고 좋은 옷을 자주 접할 기회가 많습니다. 그런데 이 일에 푹 빠져 살다 보면 세상 풍조에 빠지기 쉽고 눈에 보이는 화려한 것을 따라가기 쉽습니다. 바로 제가 그러했습니다. 제가 걸어온 길이 어느새 이생의 자랑과 안목의 자랑이 되어가고 있었습니다. 적은 누룩이 빵을 부풀리듯 제 안에 심겨진 자긍심이 저를 점점 삼키고 있었습니다. 하나님께 영광을 돌리기 위하여 시작한 일이 어느새 제 실력과 경력을 자랑하는 수단이 되고 있었습니다.

저는 이 사실을 바로 눈치 채지 못했습니다. 오히려 세상에서 좋은 평판을 얻으니 잘하고 있는 줄만 알았습니다. 그러던 어느 날 성경을 읽는데 익히 잘 알고 있던 말씀이 그날따라 새롭게 다가와 제게 찔림을 주었습니다.

> "너는 이것을 알라 말세에 고통하는 때가 이르러 사람들이 자기를 사랑하며 돈을 사랑하며 자랑하며 교만하며." 디모데후서 3:1-2

그전까지만 해도 저는 이 말씀이 저와 상관없다고 여겼습니다. 제가 여기서 말하는 사람의 유형에 해당되지 않는다고 굳게 믿었습니다. 아니, 오히려 다른 누군가를 정죄하고 판단하는 도구로 이 말씀을 사용했습니다. 그런데 그날 제 마음을 주목시켜 회개케 한 단어는 '자긍(스스로에게 긍지를 가지다)하며'였습니다. 저는 이 말씀을 보자마자 온몸이 떨리면서 눈물이 터져 나왔습니다. 제 안에 계신 성령님이 죄를 깨닫게 해 주시는 것을 느낄 수 있었습니다. 이 말씀이 가리키는 사람은 바로 저였습니다. 순간 파노라마처럼 제 죄들이 펼쳐 지나가며 하나님 앞에 제 온갖 더러운 것들이 드러나기 시작했습니다.

> "하나님이여 나를 살피사 내 마음을 아시며 나를 시험하사 내 뜻을 아옵소서 내게 무슨 악한 행위가 있나 보시고 나를 영원한 길로 인도하소서." 시편 139:23-24

자긍하지 말고 부인하라

제 안에 있는 자긍심은 결코 하나님이 주신 마음이 아니었습니다. 옛 옷을 입은 옛 자아(혼)에서 나온 철저한 죄성이었고 그것은 저를 사망으로 인도하고 있었습니다. 제가 울면서 통분했던 이유 중 하나는 오랫동안 죄를 지어 오면서 그것을 깨닫지 못했다는 것입니다. 오히려 죄가 죄인지 모르고 자긍하며 즐거워했습니다. 저는 죄를 깨닫는 순간 너무 부끄러웠고 그저 형식적인 신앙생활을 하며 살아온 것에 대하여 마음이 찢어질듯 아팠습니다. 참으로 인간은 빛이신 예수님을 배척하고 어두움을 사랑하는 어리석은 존재입니다.

"빛이 어둠에 비취되 어둠이 깨닫지 못하더라." 요한복음 1:5

오직 하나님의 말씀만이 그분의 빛을 비추어 모든 어둠을 거두어 가고 깨닫게 합니다. 말씀을 통하여 죄를 깨달은 후, 저는 길을 걷다가도 울고 잠을 자다가도 울었습니다. 제가 자긍했던 모든 것이 미워졌습니다. 평소에 쉽게 내뱉던 죄악 된 말도 멈추었습니다. 그렇게 좋아하던 쇼핑도 사치로 다가왔습니다. 그렇게 한 달이 넘는 시간 동안, 저는 모든 일을 멈추고 죄를 회개했습니다.

이와 동시에 자긍심과 자존심을 부추기는 우리 사회가 얼마나 병들어 있는지 깨달았습니다. 사람들은 죄가 죄인지도 모른채, 죽음으로 달려가고 있었습니다. 사탄의 미혹에 넘어가 죽음의 구덩이로 스스로 들어가고 있었습니다. 제 안에 이러한 세상 풍조를 이길 힘이 없다는 것이 저를 더욱 슬프게 만들었습니다. 그러나 하나님은 제가 그분의 진리를 계속해서 붙들 수 있도록 힘을 주셨습니다. 그 진리는 "자기를 사랑하라"가 아닌 "자기를 부인하라"였습니다.

> "또 무리에게 이르시되 아무든지 나를 따라오려거든 자기를
> 부인하고 날마다 제 십자가를 지고 나를 따를 것이니라." 누가복
> 음 9:23

하나님의 자녀는 자기 자신을 낮추고 나보다 남을 낮게 여
깁니다. 그러나 사탄의 종은 자신의 이익과 욕망을 위하여 남을
비방하고 폄하하여 자신을 높이고 나보다 남을 낮게 여깁니다.
그래서 우리는 누군가가 나보다 낮게 여겨질 때를 조심해야 합
니다. 내가 완벽하다고 여겨질 때를 조심해야 합니다. 그때 교
만이 뿌리내리기 때문입니다.

> "만일 우리가 죄가 없다고 말하면 스스로 속이고 또 진리가 우
> 리 속에 있지 아니할 것이요 만일 우리가 우리 죄를 자백하면
> 그는 미쁘시고 의로우사 우리 죄를 사하시며 우리를 모든 불의
> 에서 깨끗하게 하실 것이요 만일 우리가 범죄하지 아니하였다
> 하면 하나님을 거짓말하는 이로 만드는 것이니 또한 그의 말씀
> 이 우리 속에 있지 아니하니라." 요한일서 1:8-10

저는 말씀의 빛으로 비춰진 제 죄를 깨닫고 하나님 앞에 나
아가 죄를 자백하며 간절히 기도했습니다.

"하나님, 지금까지 자긍하며 살아온 제 모든 죄를 용서해 주세요. 하나님보다 제 자신을 사랑한 것을 용서해 주세요. 죄를 깨닫지 못하고 살아온 제 어리석음을 용서해 주세요. 주님, 제가 더 이상 자긍하지 않게 해 주세요. 제 자신을 사랑하지 않게 도와주세요. 저는 아무 능력이 없지만 하나님의 말씀이 참인 것을 믿사오니 저를 변화시켜 주세요."

우리가 진정으로 회개할 때, 하나님은 우리 죄를 사하여 주십니다. 아무도 모르는 은밀한 죄일지라도 정직하게 나아가 자백할 때, 용서해 주십니다. 회개 기도를 드린 후로 제 마음은 아주 평안해졌습니다.

저는 이 일을 통하여 하나님의 말씀이 영과 혼을 찔러 쪼개기까지 한다는 것이 무엇인지 깨달았습니다. 죄를 지은 두려움이 마음을 장악하면 아담과 하와처럼 하나님을 피해 숨고 싶어진다는 것도 알았습니다. 그러나 제가 그 무엇보다 깊이 경험한 것은 저를 다 아시고 품어 주시는 하나님의 사랑이었습니다.

"딸아, 나는 네 마음에 가득한 두려움으로 인하여 나를 멀리하지 않길 원한단다. 말씀을 통하여 느낀 모든 것을 내게 이야기해 보아라. 오직 나만이 너를 어루만져 치유할 수 있단다."

저는 거룩한 옷을 입고 살아가길 원하나 오히려 원치 않는 더러운 죄가 늘 제 앞에 있습니다. 저는 선을 행하고 싶으나 오히려 원치 않는 악이 매일 제 앞에 있습니다. 어제는 죄를 이겼다가도 오늘 또다시 죄에 넘어지는 삶은 참으로 곤고합니다.

> "만일 내가 원하지 아니하는 그것을 행하면 내가 이로써 율법이 선한 것을 시인하노니 이제는 그것을 행하는 자가 내가 아니요 내 속에 거하는 죄니라 … 그러므로 내가 한 법을 깨달았노니 곧 선을 행하기 원하는 나에게 악이 함께 있는 것이로다 내 속사람으로는 하나님의 법을 즐거워하되 내 지체 속에서 한 다른 법이 내 마음의 법과 싸워 내 지체 속에 있는 죄의 법으로 나를 사로잡는 것을 보는도다 오호라 나는 곤고한 사람이로다 이 사망의 몸에서 누가 나를 건져내랴 우리 주 예수 그리스도로 말미암아 하나님께 감사하리로다 그런즉 내 자신이 마음으로는 하나님의 법을 육신으로는 죄의 법을 섬기노라." 로마서 7:16-17,21-25

도대체 이 사망의 몸에서 누가 우리를 건져낼 수 있을까요? 율법을 완벽하게 지키면 구원을 받을 수 있을까요? 결코 아닙니다. 율법은 우리가 죄인임을 깨닫게 해 주는 도구로서의 역할만 할 뿐, 우리는 예수 그리스도를 믿어야 합니다.

> "그러므로 율법의 행위로 그의 앞에 의롭다 하심을 얻을 육체가 없나니 율법으로는 죄를 깨달음이니라." 로마서 3:20

행위로 구원을 얻는다면 완전하신 하나님 앞에 의롭다 함을 얻을 자는 단 한 명도 없습니다. 성경은 분명히 그렇게 말하고 있습니다. 오직 구원의 옷을 입을 수 있는 유일한 조건은 예수님을 믿는 믿음입니다. 그때 우리는 죄를 깨달아 회개하고 하나님을 사랑하므로 그분의 말씀에 순종하게 될 것입니다.

하나님의 말씀을 읽고 기도하십시오. 그때 하나님은 당신이 죄를 깨닫고 회개의 자리로 나아가도록 은혜를 베풀어 주실 것입니다.

나를 정결하게 하소서

아직 당신이 회개하지 못한 죄는 무엇입니까? 저는 제 안에 은밀한 죄들이 꿈틀거릴 때마다 이 말씀을 붙들고 기도합니다.

"우슬초로 나를 정결하게 하소서 내가 정하리이다 나의 죄를 씻어 주소서 내가 눈보다 희리이다 내게 즐겁고 기쁜 소리를 들려주시사 주께서 꺾으신 뼈들도 즐거워하게 하소서 주의 얼굴을 내 죄에서 돌이키시고 내 모든 죄악을 지워 주소서 하나님이여 내 속에 정한 마음을 창조하시고 내 안에 정직한 영을 새롭게 하소서 나를 주 앞에서 쫓아내지 마시며 주의 성령을 내게서 거두지 마소서 주의 구원의 즐거움을 내게 회복시켜 주

시고 자원하는 심령을 주사 나를 붙드소서." 시편 51:7-12

저는 제가 얼마나 어리석고 연약한 존재인지를 잘 압니다. 저는 주님이 아니시면 죽을 수밖에 없는 죄인입니다. 이제 저는 제 자신을 더 이상 믿지 않고 구원자 되시는 예수 그리스도를 믿습니다. 저는 하나님이 저를 결코 버리지 않으실 것을 믿습니다. 제가 죄의 유혹에 넘어질지라도 다시 일으켜 세워 주실 것을 믿습니다. 세상 끝 날까지 저와 함께 해 주시고 의의 길로 인도해 주실 것을 믿습니다. 그래서 저는 사망의 길에서 돌이켜 생명 길로 나아가게 하시는 하나님의 사랑의 회초리가 참 좋습니다. 그분의 사랑 안에 거하는 한, 저와 당신에게는 부족함이 없습니다.

우리는 나 자신이 얼마나 큰 죄인인지 알 때에야 비로소 죄인을 위하여 십자가에 달리신 그 사랑의 깊이를 알게 됩니다. 저는 당신이 날마다 그 크신 사랑 안에 거하길 기도합니다.

"내 이름으로 일컫는 내 백성이 그들의 악한 길에서 떠나 스스로 낮추고 기도하여 내 얼굴을 찾으면 내가 하늘에서 듣고 그들의 죄를 사하고 그들의 땅을 고칠지라." 역대하 7:14

성화의 옷을 입히다

나의 사랑하는 자들아 너희가 나 있을 때 뿐 아니라 더욱 지금
나 없을 때에도 항상 복종하여 두렵고 떨림으로 너희 구원을 이루라

빌립보서 2:12

당신은 칭의, 즉 당신이 의롭다 하심을 얻은 것을 믿습니까? 성화(聖化 , sanctification)는 바로 이 칭의의 증거입니다. 사람이 태어나면 성인이 될 때까지 성장하듯 칭의를 통하여 구원받은 사람도 계속 성장합니다. 그 이유는 그가 거듭, 즉 다시 태어났기 때문입니다. 사람마다 신앙의 성장 속도는 다르지만 예수님께 꼭 붙어 있으면 반드시 성장합니다. 칭의는 출산처럼 한순간에 이루어지나 성화는 점진적으로 이루어지며 그 속도는 사람마다 다릅니다. 성화는 일생에 걸쳐 발생하는 점진적인 구원의 과정이라고 할 수 있습니다.

칭의는 우리의 행위가 아닌 하나님의 값없는 은혜로 이루어집니다. 그리고 하나님께 의롭다 함을 얻은 사람은 그것이 행함, 즉 삶으로 증명됩니다. 행위가 우리를 구원하는 것은 아나 구원의 근거가 행함, 즉 삶의 선한 열매를 통하여 증명되기 때문입니다.

"이와 같이 행함이 없는 믿음은 그 자체가 죽은 것이라." 야고보
서 2:17

내가 구원받았다는 증거는 성화의 과정에서 삶의 열매로 나타납니다. 그런데 이 과정에서 옛 자아와의 치열한 전투가 일어나고, 이는 하나님의 말씀에 '순종함'으로써 이길 수 있습니다. 물론 옛 자아가 강해 순종하지 못할 때도 있지만 하나님은 우리를 죄 가운데 홀로 두지 않으시고 부모가 자녀를 훈계하듯 우리를 가르치고 훈계하셔서 성화를 이루어 나가십니다.

성화의 과정에서 우리는 하나님을 사랑하게 됩니다. 죄를 미워하게 됩니다. 하나님의 말씀에 순종하고 싶은 의지가 생기게 됩니다. 하나님이 싫어하시는 것이 싫어지고 하나님이 기뻐하시는 일을 하고픈 거룩한 열망이 생기게 됩니다. 그분께서 내 모든 것을 다스려 주시길 원하게 됩니다.

"하나님께로 난 자마다 죄를 짓지 아니하나니 이는 하나님의 씨가 그의 속에 거함이요 그도 범죄하지 못하는 것은 하나님께로부터 났음이라." 요한일서 3:9

사람이 태어나 철이 들 때까지 평균 30년 이상 걸린다고 합니다. 성화의 과정도 이렇게 오래 걸립니다. 아니, 평생에 걸쳐

이루어집니다. 우리는 하나님의 거룩한 자녀로 자라기까지 고난, 아픔 등 신앙의 성숙을 위한 일들을 경험하게 될 것입니다.

때로 우리는 부모님께 순종하지 않거나 반항하기도 합니다. 이와 같이 성화의 과정에서도 하나님 아버지께 불순종하고 쾌락을 더 사랑하는 일이 생기곤 합니다. 그래서 성화는 두렵고 떨리는 마음으로 완성될 구원을 향하여 전진해나가는 구원받은 성도의 거룩한 책임입니다. 자녀가 철이 들수록 부모님의 마음을 알아가듯 하나님의 자녀인 우리도 성화의 과정에서 하나님의 사랑과 마음을 더 깊이 경험하게 됩니다. 그래서 성화는 보이지 않는 신분적 변화인 칭의와 달리, 실제 삶과 인격, 그리고 성품의 변화를 동반합니다.

우리가 성화의 삶을 잘 살아내지 못하더라도 성령님은 우리를 고아처럼 버려두지 않으시고 한 걸음 한 걸음 인도해 주십니다. 예수님을 진정으로 믿으면 우리는 성화의 과정에서 탈락될 수 없습니다. 하나님은 그분의 자녀를 절대로 버려두지 않으시고 늘 함께 해 주시는 분이기 때문입니다.

자칫 성화를 잘못 이해하면 그 모든 과정이 내 노력으로 이뤄지는 것 같아 보이나 실상은 그렇지 않습니다. 하나님이 모든 것을 이끌어 가십니다. 친히 우리의 목자가 되어 주셔서 인도하십니다. 만약 인생에서 성화가 1퍼센트도 이뤄지지 않은 것처럼 느껴진다면, 우리는 칭의부터 점검해 볼 필요가 있습니다. 하나님은 의롭다 함을 얻은 그분의 자녀를 포기하지 않으시고 거룩하게 빚어 가시기 때문입니다.

"이는 주께서 내 영혼을 스올에 버리지 아니하시며 주의 거룩한 자를 멸망시키지 않으실 것임이니이다." 시편 16:10

성화를 온전히 이루려면 말씀, 기도, 예배, 이웃사랑, 봉사, 성도와의 교제 등을 지속함으로써 신앙이 자라도록 해야 합니다. 내 마음과 뜻과 힘을 다하여 하나님을 사랑하고 내 이웃을 내 몸과 같이 사랑해야 합니다. 갓난아이가 생존을 위하여 본능적으로 젖을 찾듯 하나님을 간절히 찾고 사모해야 합니다. 하나님을 갈망함이 성화를 이루는 열쇠라고 해도 과언이 아닙니다.

"갓난아기들 같이 순전하고 신령한 젖을 사모하라 이는 그로 말미암아 너희로 구원에 이르도록 자라게 하려 함이라." 베드로전서 2:2

당신은 성화의 과정에서 예수 그리스도를 닮아가야 합니다. 그에게까지 자라야 합니다. 성경에서는 이 과정을 '좁은 문'이라고 표현하고 있습니다.

"좁은 문으로 들어가라 멸망으로 인도하는 문은 크고 그 길이 넓어 그리로 들어가는 자가 많고." 마태복음 7:13

성화는 구원의 문을 통과하는 아주 좁은 길입니다. 그 길은 매우 좁고 협착합니다. 찾는 사람도 많지 않습니다. 십자가의 고난의 길입니다. 그러나 예수님을 의지하여 모든 고난을 견디면 그 길 끝에서 천국을 만날 것입니다.

온 땅을 다스리시는 만왕의 왕이신 하나님의 자녀답게 사는 것은 하루아침에 이루어지지 않습니다. 끊임없이 나를 부인하고 주께 복종해야 합니다. 때로 그 과정이 고통스럽고 아플 수 있습니다. 그러나 끊임없이 성령님과 교제하며 나아가면 평안과 기쁨을 누릴 수 있습니다. 또한 하나님은 우리가 감당할 만한 시험만을 주시며 그 시험을 이길 힘도 주십니다.

"내 영혼을 소생시키시고 자기 이름을 위하여 의의 길로 인도하시는도다." 시편 23:3

다시 한번 강조하지만 성화의 과정은 당신 혼자 이루는 것이 아닙니다. 그러니 두려워하지 말고 안심하십시오. 위대하신 하나님이 친히 앞서 가시고 함께 해 주실 것입니다. 그분의 영광스러운 이름을 위하여 의의 길로 인도해 주실 것입니다. 지금

이 시간 성화를 위하여 함께 기도하길 원합니다.

지금도 우리와 함께 하시는 하나님,
창세전에 저를 택하여 주시고
저를 하나님의 백성으로 살아가게 해 주셔서 감사합니다.
제 안에 죄를 미워하고 의의 길을 가고 싶은 마음,
주님을 닮고자 하는 갈망을 주셔서 감사합니다.

오늘도 수많은 유혹 가운데
전신 갑주를 입고 믿음으로 담대히 나아가오니
주의 말씀을 힘입어 승리하게 해 주세요.
저를 구원의 길로 인도해 주세요.

주님이 아니시면 저는 한 걸음도 내딛지 못하고
쓰러졌을 때 다시 일어설 수 없습니다.
제 소망은 오직 주께 있사오니
저를 붙잡아 주시고 믿음을 굳게 세워 주세요.
날마다 주의 사랑으로 새롭게 해 주세요.
오늘도 저는 거룩한 하나님의 자녀로 자라게 하실
주님만을 의지하고 믿음으로 나아가겠습니다.
예수님의 이름으로 기도합니다. 아멘.

걸어가네

묵묵히 오늘도
사랑의 길
소망의 길 걸어가네

할 수 없다 말하지만
못한다 말하지만

거룩의 옷을 입어
은혜로 걸어가네

걸어온 만큼
낡아진 옛것을 털어내고
걸어온 만큼
더러워진 옛것을 털어내고

오늘 새롭게 달라진
내일 새롭게 달라질

나를 보고 주를 보고
의의 길 거룩의 길 걸어가네

모든 걸 새기며
주의 발자국 새기며

완전한 곳 향해
걸어가네

_신여호수아

3

당신을 영원으로 인도하는

영화의 옷

그에게 빛나고 깨끗한
세마포 옷을 입도록 허락하셨으니 이 세마포 옷은
성도들의 옳은 행실이로다 하더라

요한계시록 19:8

chapter 20

예수의 옷자락을 만지면 살 수 있습니다

"열두 해를 혈루증으로 앓아 온 한 여자가 있어." 마가복음 5:25

성경을 보면 12년 동안이나 혈루증을 앓아 온 한 여인의 이야기가 나옵니다. 그녀는 명의란 명의는 다 찾아다녔지만 병세는 호전되지 않았고 오히려 더 악화되었습니다. 혈루증은 헬라어로 '하이모르레오'(αἱμορρέω)입니다. '피'를 뜻하는 '하이마'(αἷμα)와 '흐르다'를 뜻하는 '레오'(ῥέω)에서 유래되었습니다. 이는 피의 유출, 즉 만성 자궁 출혈을 의미합니다. 이 병에 걸리면 한 달에 한 번씩 하는 월경과 상관없이 불규칙하게 출혈을 하게 되는데, 12년 동안이나 피가 멈추지 않았던 것을 보아 그녀는 증식성 자궁내막염을 앓은 것으로 여겨집니다.

당시 유대 사회는 율법(성막에서 수행되는 각종 제사 제도와 일상에서 지켜야 할 성결한 삶에 대해 하나님이 정해 주신 율례로 성경 레위기에 기록되어 있음)을 아주 엄격하게 지켰습니다. 율법에 기록된 정결규례를 보면 혈루증 앓는 여인은 부정한 사람으로 분류되었고, 그와 접촉한 사람 역시 부정한 자로 간주되었습니다.

"여인의 피의 유출이 그의 불결기가 아닌데도 여러 날이 간다든지 그 유출이 그의 불결기를 지나도 계속되면 그 부정을 유출하는 모든 날 동안은 그 불결한 때와 같이 부정한즉 … 그것들을 만지는 자는 다 부정한즉 그의 옷을 빨고 물로 몸을 씻을 것이며 저녁까지 부정할 것이요." 레위기 15:25,27

혈루증을 앓는 여인은 사회적으로 고립되어 다른 사람들과 접촉할 수 없었습니다. 그렇게 12년 동안이나 사회적 격리를 당한 그녀는 고통스러운 육신의 질병뿐 아니라 수치심, 소외감, 절망감 등 마음의 질병도 지독하게 앓았을 것입니다. 율법이 바뀌거나 병이 낫지 않는 한, 어디에서도 소망을 찾을 수 없었을 것입니다.

정결규례의 선한 목적

왜 하나님은 정결규례를 통하여 부정한 사람을 구별하셨을까요? 우리는 혈루증을 앓는 여인을 이해하기에 앞서 하나님께서 율법을 만드신 목적이 무엇인지 알아야 합니다. 그것은 바로 하나님의 백성들이 부정한 것을 부정한 것으로, 정결한 것을 정결한 것으로 구별하여 거룩하게 살아가도록 하기 위함이었습니다.

사람은 죄를 깨달을 만큼 지혜로운 존재가 아닙니다. 존재 자체가 죄인이고 본질상 죄를 즐깁니다. 그래서 하나님이 율법을 주지 않으셨다면 무엇이 죄인지, 무엇이 부정한 것인지 구별하지 못하고 깨닫지 못했을 것입니다. 지금도 하나님의 말씀을 모르는 수많은 사람들이 죄가 죄인지 모르고 살아가는 어리석음에 빠져 있습니다.

율법을 통하여 부정한 것이 무엇인지 깨달은 사람은 죄를 인식하고 피합니다. 죄를 짓지 않으려고 애씁니다. 율법이 사람의 양심을 통하여 죄가 죄임을 깨닫게 하는 도구로서의 역할을 하기 때문입니다.

"죄가 율법 있기 전에도 세상에 있었으나 율법이 없었을 때에는 죄를 죄로 여기지 아니하였느니라." 로마서 5:13

저희 부부는 육아를 통하여 하나님이 왜 우리에게 율법, 즉 말씀을 주셨는지 피부로 깨달았습니다. 생후 36개월 전에 아기는 대소변을 가리지 못해 하루에도 수차례 기저귀를 갈아 주어야 합니다. 그런데 저는 이보다 더 힘든 것이 잠깐 눈을 돌린 사이에 아기가 해맑은 표정으로 대소변을 만지며 자신을 더럽혀 놓는 것이었습니다.

그러나 이러한 잘못된 행동은 아기에게 한 번 말한다고 쉽게 고쳐지는 것이 아니었습니다. 저는 몇 년간 수없이 같은 말을 반복해서 해야 했습니다. 그뿐 아니라 아이가 자랄수록 일촉즉발의 순간은 더욱 자주 찾아왔습니다. "안 돼, 위험해!"라는 말은 제가 2년간 육아를 하면서 가장 많이 한 말 중 하나입니다. 저는 수천 번을 말해도 알아듣지 못하는 어린 딸을 바라보면서 죄가 죄인지 모르고 살아왔던 제 지난 모습을 보는 듯했습니다.

당시 제 눈에 죄는 참 매혹적이고 달콤해 보였습니다. 죄를 자랑하기도 했고 죄를 같이 짓자고 권하기도 했습니다. 만약 제가 예수님을 만나지 못하고 성경말씀을 몰랐다면 일평생 죄가 죄인지 모르고 살아갔을 것입니다. 죄를 알게 해 주심도 하나님의 은혜임을 고백합니다.

율법은 부모가 자녀를 사랑하여 훈계하듯 부정한 것이 무엇인지 깨닫게 하는 하나님의 법입니다. 우리는 하나님의 말씀 안에 들어와 살아야 안전할 수 있습니다. 율법을 지켜야 살 수 있습니다. 하나님이 금하신 것은 우리에게 위험하고 더러운 것이기 때문입니다.

여인의 믿음

아무 소망 없이 살아가던 어느 날, 혈루증 앓는 여인에게 소망이 하나 생겼습니다. 예수님이 병든 자를 치유하신다는 소문을 들은 것입니다.

> "예수의 소문을 듣고 무리 가운데 끼어 뒤로 와서 그의 옷에 손
> 을 대니 이는 내가 그의 옷에만 손을 대어도 구원을 받으리라
> 생각함일러라." 마가복음 5:27-28

그녀는 용기를 내어 수많은 인파를 뚫고 예수님께 다가갔습
니다. 그리고 아무도 모르게 그분의 옷을 만졌습니다. 그분의
옷에만 손을 대어도 치유될 것이라고 굳게 믿었던 것입니다. 이
러한 그녀의 행동은 율법을 뛰어넘고 자신의 환경과 현실을 뛰
어넘는 놀라운 '믿음'이었습니다. 믿음이야말로 우리를 진정 의
롭게 하는 것입니다.

> "또 하나님 앞에서 아무도 율법으로 말미암아 의롭게 되지 못
> 할 것이 분명하니 이는 의인은 믿음으로 살리라 하였음이라."
> 갈라디아서 3:11
> "사람이 의롭게 되는 것은 율법의 행위로 말미암음이 아니요
> 오직 예수 그리스도를 믿음으로 말미암는 줄 알므로 우리도 그
> 리스도 예수를 믿나니 이는 우리가 율법의 행위로써가 아니고
> 그리스도를 믿음으로써 의롭다 함을 얻으려 함이라 율법의 행
> 위로써는 의롭다 함을 얻을 육체가 없느니라." 갈라디아서 2:16

믿음으로 만진 예수님의 옷자락

'율법에 따르면' 유출하는 여자와 접촉하는 사람 역시 부정해지기에 예수님도 그녀의 손이 닿자마자 부정해지셨습니다. 그러나 죄가 없으신 예수님은 결코 부정함이 없는 온전하신 분이며 율법을 완전하게 하시기 위하여 이 땅에 오신 분입니다.

"내가 율법이나 선지자를 폐하러 온 줄로 생각하지 말라 폐하러 온 것이 아니요 완전하게 하려 함이라." 마태복음 5:17

특별히 그녀가 예수님의 옷자락에서 만진 것은 옷단 귀에 달린 '술'(tassels)이었다고 합니다. 유대인은 대대로 옷 끝에 술을 달았는데 이는 하나님께서 명령하신 것이었습니다.

"이스라엘 자손에게 명령하여 대대로 그들의 옷단 귀에 술을 만들고 청색 끈을 그 귀의 술에 더하라 이 술은 너희가 보고 여호와의 모든 계명을 기억하여 준행하고 너희를 방종하게 하는 자신의 마음과 눈의 욕심을 따라 음행하지 않게 하기 위함이라 그리하여 너희가 내 모든 계명을 기억하고 행하면 너희의 하나님 앞에 거룩하리라." 민수기 15:38-40

하나님은 수많은 나라들 가운데 이스라엘을 택하시고 그들이 부정한 존재가 아닌 구별되고 택함 받은 그분의 거룩한 백성으로 살아가기를 바라셨습니다. 그래서 이스라엘 백성이 자신의 옷에 달린 술을 보면서 그분의 계명을 기억하고 지키며 마음과 눈의 욕심을 따라 죄를 짓지 않도록 하셨습니다. 아마도 이스라엘 백성들은 죄의 유혹 앞에서 옷에 달린 술이 움직이는 것을 볼 때마다 "나는 하나님의 백성이니 죄를 지으면 안 돼. 나는 구별된 자야"라고 선포하며 하나님의 말씀을 기억했을 것입니다. 여기서 우리는 우리의 연약함을 잘 아시는 하나님께서 눈에 보이는 이미지를 통해서도 우리를 지켜 주신다는 것을 알 수 있습니다.

혈루증을 앓는 여인이 하나님이 명하신 옷의 술을 만졌다고 추측하는 것은 1세기 유대 역사가 요세푸스의 문헌에 다음과 같은 기록이 나오기 때문입니다.

"온전하지 않은 자가 온전한 자의 옷단 술에 손을 대면 온전해진다."

당시 유대인들은 옷단 술에 치유의 능력이 있다고 믿었습니다. 물론 그것은 하나님께서 명하신 옷단 술의 의미가 변질된 것이었습니다. 이 외에도 다른 사람의 옷단 술을 함부로 만지면 처벌을 받았다는 이야기가 전해져 내려오고 있습니다. 단, 그 술의 주인의 자녀는 예외였습니다.

혈루증을 앓는 여인은 율법을 어김으로써 받아야 할 어떠한 처벌도 두려워하지 않고 예수님의 옷단 술을 만졌습니다. 자신의 목숨을 걸고 믿음으로 손을 내밀어 만졌을 때, 그렇게 애써도 낫지 않았던 병이 완전히 낫게 되었습니다.

> "예수의 뒤로 와서 그의 옷 가에 손을 대니 혈루증이 즉시 그쳤더라 예수께서 이르시되 내게 손을 댄 자가 누구냐 하시니 다 아니라 할 때에 베드로가 이르되 주여 무리가 밀려들어 미나이다 예수께서 이르시되 내게 손을 댄 자가 있도다 이는 내게서 능력이 나간 줄 앎이로다 하신대 여자가 스스로 숨기지 못할 줄 알고 떨며 나아와 엎드리어 그 손 댄 이유와 곧 나은 것을 모든 사람 앞에서 말하니." 누가복음 8:44-47

예수님은 그녀가 옷을 만지자마자 자신에게서 능력이 나간 것을 아시고 "내게 손을 댄 자가 있도다"라고 말씀하셨습니다. 이에 그녀는 더 이상 숨길 수 없음을 알고 떨면서 나아와 주님께 엎드려 자신이 손을 댄 이유와 낫게 된 경위에 대하여 사람들 앞에서 말했습니다. 그러자 예수님은 그녀에게 이렇게 말씀하셨습니다.

> "딸아 네 믿음이 너를 구원하였으니 평안히 가라." 누가복음 8:48

예수님은 그녀를 꾸짖지 않으시고 오히려 사람들 앞에서

'딸'이라고 선포하셨습니다. 앞에서 나누었듯 옷단 술을 만지더라도 그 주인의 자녀는 처벌을 받지 않습니다.

고난을 통해 만난 구원

예수님은 부정한 여인을 구원하시기 위하여 자신이 부정해지는 선택을 하셨습니다. 예수님이 이 땅에 오시기 전에 이사야 선지자는 그분이 우리를 위하여 모든 부정함을 친히 담당하실 것이라고 예언했습니다.

> "이는 선지자 이사야를 통하여 하신 말씀에 우리의 연약한 것을 친히 담당하시고 병을 짊어지셨도다 함을 이루려 하심이더라." 마태복음 8:17

예수님은 우리를 온전케 하시기 위하여 그분 자신이 부정해지시는 것을 피하지 않으셨습니다. 그분 자신이 부정한 죄인이 되시기로 작정하고 이 땅에 오셨습니다. 이것이 바로 하나님의 사랑입니다.

저도 그녀와 같은 혈루증을 앓은 적이 있습니다. 그래서 이 말씀이 제 마음에 더욱 깊이 새겨져 있습니다. 3년 전 어느 날, 저는 갑작스런 과다 출혈로 병원을 찾았고 자궁내막증이라는 병을 진단받았습니다. 갑자기 피가 계속 쏟아져 얼마나 두려웠는지 모릅니다. 병원에서는 치료를 위하여 오른쪽 난소를 제거하는 수술을 받아야 하고, 재발률이 높으니 몇 년간 독한 약을 먹어야 한다고 했습니다. 그 약은 출혈을 멈추게 하기 위해 여성 호르몬을 폐경기처럼 만들어 월경을 하지 못하도록 만드는 것이라 부작용도 많고 폐경기 여성의 증상을 고스란히 느껴야 하는 고통스러운 약이었습니다. 의사는 약을 먹지 않는 딱 한 가지 방법은 임신을 하는 것이라고 했습니다. 임신 중에 자궁내막증이 저절로 치료되는 경우가 많았기 때문입니다. 하지만 미혼인 제게는 선택권이 없었습니다.

저는 수술을 마치고 드디어 약을 먹기 시작했습니다. 밤마다 식은땀이 흐르고 머리가 깨질 듯 아팠습니다. 하루하루가 고통스러웠습니다. 당시 저와 남자친구는 결혼할 상황도, 조건도 되지 않았지만 함께 금식하며 기도하기 시작했습니다. 그러자 불가능할 것만 같던 결혼이 3개월 만에 진행되었습니다.

하나님은 제게 이 병을 허락하심으로써 결혼의 문을 열어 주시고, 결혼 3개월 만에 기적처럼 예쁜 딸도 선물로 주셨습니다. 저는 임신을 통하여 완전히 약을 끊게 되었습니다. 하나님께서 영원 전부터 예비하신 그 특별한 생명은 의도치 않게 제 병을 치유하는 약이 되었습니다. 저는 병의 치유와 아이를 낳는 모든 과정 가운데 하나님의 왕 되심을 절실히 느꼈습니다. 주님은 제 안에 있는 작은 믿음을 보시고 제 삶을 다스리고 인도하셨습니다. 만약 이 병을 앓지 않았다면 저는 사랑하는 딸을 얻지 못했을 것입니다. 왕이신 하나님을 경험하지 못했을 것입니다.

하나님은 당시 절망과 두려움에 빠져 있는 제 안에 이 말씀을 심겨 주셨습니다.

> "보라 내가 새 일을 행하리니 이제 나타낼 것이라 너희가 그것을 알지 못하겠느냐 반드시 내가 광야에 길을 사막에 강을 내리니." 이사야 43:19

광야는 그 특성상 길이 만들어 질 수 없는 곳입니다. 사막은 강이 생길 수 없는 곳입니다. 광야와 사막에 길을 내고 강을 내는 것은 창조주이자 전능하신 하나님만이 하실 수 있는 일입니다. 하나님께는 불가능이 없습니다. 하나님은 그분을 신뢰하는 자를 책임지십니다.

> "나는 여호와요 모든 육체의 하나님이라 내게 능치 못한 일이 있겠느냐." 예레미야 32:27

저는 고난의 터널을 지나면서 왕 되신 하나님을 만났습니다. 우리는 그분을 경험한 만큼 사랑할 수 있습니다. 머리로 아는 것이 아니라 마음으로 만나는 것, 그것이 구원의 시작입니다. 혈루증을 앓는 여인도 마찬가지였습니다. 그녀가 12년 동안 병으로 고생하지 않았다면 예수님을 만나고자 하는 간절함도, 믿음도 없었을 것입니다. 그러나 하나님은 그녀의 병을 통하여 구원을 선물로 주셨습니다. 그렇다면 그녀가 겪은 고난은 고난일까요, 아니면 축복일까요?

때로 하나님은 고난을 통하여 그분을 향한 갈망을 주십니다. 연약한 인간은 고난을 당할 때에야 비로소 하나님을 찾기 때문입니다. 결론적으로 그녀에게 그 병은 복이었습니다. 그녀는 고난으로 인하여 구원을 얻었습니다!

예수, 구원의 이름

예수님은 우리의 왕이십니다. 왕이신 그분이 입으신 옷에는 권세가 있습니다. 그러나 예수님이 이 땅에 오셨을 때, 사람들은 왕이신 그분을 알아보지 못했습니다. 만약 예수님이 모든 질병과 사망마저도 생명으로 바꾸시는 분임을 진실로 믿었다면 그분의 옷자락이라도 만지길 원했을 것입니다.

오늘날 많은 사람들이 삶에 지친 나머지 자신의 소중한 생명을 포기하고 있습니다. 죽으면 모든 것이 끝이라고 생각하는 것입니다. 하지만 결코 그렇지 않습니다! 성경은 분명히 말하고 있습니다. 사람은 누구나 한 번 태어나서 죽고 그 죽음 뒤에는 반드시 심판이 있다(히브리서 9:27)고 말입니다. 예수님은 죄로 인해 부정한 존재가 되어 사망의 늪에 빠져 허우적대는 우리를 건지시기 위하여 그분 자신이 부정해지는 선택을 하셨습니다. 이제 우리는 예수님의 거룩한 옷을 만지면 살 수 있습니다. 그리고 그분을 만질 수 있는 조건은 오직 '믿음'입니다.

혹 세상에서 모든 소망이 끊겨져 절망 가운데 있습니까? 고난 가운데 신음하고 있습니까? 그러나 절대로 그 귀한 삶을 포기하지 마십시오. 예수님께 나아가 그 구원의 이름을 부르십시오. 그분은 당신이 약할 때에 강함이 되어 주십니다. 당신의 유일한 치료자가 되어 주십니다. 그분은 치료의 마지막 선택이 아니라 오직 한 분이신 치료자 되십니다. 당신이 예수님께 믿음으로 나아갈 때, 그분은 당신을 향하여 이렇게 선포하실 것입니다.

"딸아, 네 믿음이 너를 구원하였으니 평안히 가라!"

"이는 한 아기가 우리에게 났고 한 아들을 우리에게 주신 바 되었는데 그의 어깨에는 정사를 메었고 그의 이름은 기묘자라, 모사라, 전능하신 하나님이라, 영존하시는 아버지라, 평강의 왕이라 할 것임이라." 이사야 9:6

chapter 21

스스로 십자가에 달린 왕이 있습니다

제가 일하면서 가장 신경 쓰는 스타일링 중 하나를 꼽자면, 회사 대표와 같이 높은 위치에 있는 고객들의 스타일링입니다. 권위를 스타일링으로 표현하는 것은 섬세하고도 전략적인 방법이 필요하기 때문입니다.

앞에서 나누었듯 옷은 정체성과 관련 있습니다. 우리는 옷을 통하여 "나는 이런 존재야"라는 메시지를 전합니다. 이처럼 옷은 단순히 내 몸을 가리는 표면적인 목적을 넘어 정체성을 나타내고 생각이나 감정을 지배하며 권위를 생성합니다.

인류에게 최초의 옷을 입히신 분은 하나님입니다. 하나님은 영이시기에 옷은 외적 기능뿐 아니라 영적 기능도 가지고 있습니다. 그래서 옷은 단순히 외적 기능을 넘어 우리 삶의 구석구석까지 영향을 끼치는 것입니다.

권위를 나타내야 하는 스타일링은 고객의 직종, 권위, 직책을 가장 잘 살릴 수 있는 옷과 액세서리를 골라야 하기에 전문 지식과 신중함이 요구됩니다. 가시성과 통일성을 가지고 전략적인 이미지메이킹 방법을 사용해야 합니다. 이 스타일링의 한 가지 특징을 꼽자면 액세서리, 옷의 소재, 컬러를 힘주어 사용

한다는 점입니다. 예를 들어, 브로치 하나를 사용하더라도 크기가 큰 것을 고르고, 색상은 리더십을 강렬하게 표현하기 위해 붉은 계열을 선택합니다. 옷의 소재도 허름하거나 저렴해 보이는 것은 피합니다. 작은 디테일 하나가 대표의 이미지를 결정하고 그것이 회사 전체의 이미지를 나타내기에 신중을 기하는 것입니다.

한 회사의 대표도 이렇듯 패션에 신경을 쓰는데 한 나라의 대표인 왕의 패션은 어떠해야 할까요? 오래전 우리나라의 왕도 아주 특별한 옷을 입었습니다. 그 화려한 패션은 권위와 위엄을 나타내어 백성들은 그 옷만 보아도 긴장하고 두려워했습니다. 옷에 깃든 영적 힘 때문입니다. 그 안에 옷의 목적과 기능을 만드신 하나님의 뜻이 심겨져 있기 때문입니다.

「조잘조잘 박물관에서 피어난 우리옷 이야기」(김영숙, 미래엔아이세움)를 보면 다음과 같은 내용이 나옵니다.

"그중 조선의 제 21대 왕 영조는 붉은 곤룡포를 입고 있으며 마지막 왕인 고종은 황제에 즉위한 뒤, 황제를 상징하는 황금색 어의를 입었다고 한다. 가장 높은 어른이었던 왕의 특별한 옷인 곤룡포와 어의는 오직 왕만이 입을 수 있었다. 가슴과 등에는 둥근 모양의 판(흉배)을 붙여 장식했는데, 왕의 흉배는 특별히 '보'라 불렀다. 왕의 보에는 구름 속을 노니는 용을 수놓았는데, 용의 발톱은 다섯 개로 정해져 있었다. 왕자의 보에 수놓은 용의 발톱은 네 개, 왕손은 세 개였다."

이 짧은 글만 보아도 왕의 옷은 작은 디테일 하나까지도 권위와 위엄을 상징하는 것을 알 수 있습니다. 우리나라뿐 아니라 각 나라의 왕이 특별한 옷을 입고 자신의 권위를 나타냈습니다.

그렇다면 우주를 창조하시고 역사를 다스리시는 만왕의 왕 예수 그리스도는 사람의 모습으로 이 땅에 오셨을 때에 어떤 옷을 입고 계셨을까요? 저는 이것이 무척이나 궁금했고, 분명 예수님의 옷은 특별한 의미가 있을 것이라 확신했습니다. 그리고 성경에서 예수님의 옷을 연구하면 할수록 그분이 만왕의 왕이심을 절실히 깨달았습니다.

우리는 예수님이 십자가형을 당하실 때에 입으신 옷을 통하여 그분이 만왕의 왕이심을 알 수 있습니다.

왕의 옷을 벗고 이 땅에 오신 예수님

하나님의 아들이시고 그분의 본체이시며 만왕의 왕이신 예수님은 세상 왕들처럼 화려하고 위엄 있는 옷을 입고 이 땅에 오지 않으셨습니다. 오히려 고운 모양도 없고 훌륭한 풍채도 없으며 보기에 흠모할 만한 아름다운 모습이 하나도 없었습니다 (이사야 53:2). 만약 예수님이 왕의 권위를 나타내는 옷을 입고 오셨더라면 사람들이 감히 예수님을 십자가에 못 박아 죽이지 못했을 것입니다. 사람은 눈에 보이는 외형을 통하여 타인을 평가하는데, 본능적으로 남루한 옷을 입은 사람을 깔보고 차별하기 때문입니다. 성경은 이에 대하여 다음과 같이 말합니다.

"내 형제들아 영광의 주 곧 우리 주 예수 그리스도에 대한 믿음을 너희가 가졌으니 사람을 차별하여 대하지 말라 만일 너희 회당에 금가락지를 끼고 아름다운 옷을 입은 사람이 들어오고 또 남루한 옷을 입은 가난한 사람이 들어올 때에 너희가 아름다운 옷을 입은 자를 눈여겨보고 말하되 여기 좋은 자리에 앉으소서 하고 또 가난한 자에게 말하되 너는 거기 서 있든지 내 발등상 아래에 앉으라 하면 너희끼리 서로 차별하며 악한 생각으로 판단하는 자가 되는 것이 아니냐 내 사랑하는 형제들아 들을지어다 하나님이 세상에서 가난한 자를 택하사 믿음에 부요하게 하시고 또 자기를 사랑하는 자들에게 약속하신 나라를 상속으로 받게 하지 아니하셨느냐." 야고보서 2:1-5

예수님은 십자가에 못 박히시기 전에 겉옷을 벗고 사랑하는 제자들의 발을 씻겨 주셨습니다.

"저녁 잡수시던 자리에서 일어나 겉옷을 벗고 수건을 가져다가 허리에 두르시고 이에 대야에 물을 떠서 제자들의 발을 씻으시고 그 두르신 수건으로 닦기를 시작하여." 요한복음 13:4-5

당시 겉옷을 벗고 엎드려 발을 씻기는 것은 종이 주인에게
하는 일이었습니다.

"다윗의 전령들이 갈멜에 가서 아비가일에게 이르러 그에게
말하여 이르되 다윗이 당신을 아내로 삼고자 하여 우리를 당신
께 보내더이다 하니 아비가일이 일어나 몸을 굽혀 얼굴을 땅에
대고 이르되 내 주의 여종은 내 주의 전령들의 발 씻길 종이니
이다 하고." 사무엘상 25:40-41

이처럼 왕이신 예수님은 스스로 종의 자리로 내려가셔서 우
리를 가장 낮은 자리에서 사랑으로 섬겨 주셨습니다. 우리에게
그분의 옷을 입혀 주시기 위하여 그분 자신이 먼저 왕의 옷을
벗으셨습니다.

"인자가 온 것은 섬김을 받으려 함이 아니라 도리어 섬기려 하
고 자기 목숨을 많은 사람의 대속물로 주려 함이니라." 마가복음
10:45

예수님은 우리를 위하여 겉옷뿐 아니라 속옷까지도 벗겨지
는 수치를 당하셨습니다. 우리 영혼의 수치를 가려 주시고 우리
영혼을 살리시기 위해서 말입니다. 예수님은 십자가에 못 박히
시기 전에 "너를 고발하여 속옷을 가지고자 하는 자에게 겉옷까

지도 가지게 하라"고 말씀하셨습니다(마태복음 5:40). 어떻게 자신을 고발하는 자에게 이렇게 할 수 있을까요? 그런데 바로 예수님이 이와 같이 하셨습니다. 친히 창조하신 사람들에게 고발을 당하시고 수치를 당하신 예수님은 우리를 위하여 모든 것을 참으시고 십자가에 달려 돌아가셨습니다. 저는 그 사랑과 은혜를 생각하면 주 앞에 무릎을 꿇을 수밖에 없고, 누군가에게 제 겉옷을 벗어 줄 수밖에 없습니다.

성경을 보면 군인들이 예수님의 옷을 빼앗아 나누는 장면이 아주 자세하게 나옵니다. 지금부터 우리는 그 안에 담긴 특별한 의미를 발견하려 합니다.

> "군인들이 예수를 십자가에 못 박고 그의 옷을 취하여 네 깃에 나눠 각각 한 깃씩 얻고 속옷도 취하니 이 속옷은 호지 아니하고 위에서부터 통으로 짠 것이라 군인들이 서로 말하되 이것을 찢지 말고 누가 얻나 제비 뽑자 하니 이는 성경에 그들이 내 옷을 나누고 내 옷을 제비 뽑나이다 한 것을 응하게 하려 함이러라 군인들은 이런 일을 하고." 요한복음 19:23-24

예수님은 네 명의 로마 군인들에게 옷을 빼앗기시고 제비뽑기를 통하여 속옷까지도 빼앗기셨습니다. 여기서 속옷을 제비 뽑은 것은 단순한 우연이 아닌 하나님의 말씀이 성취되는 사건이었습니다. 시편 말씀을 보면 이미 오래전에 예수님의 겉옷을 나누어 갖고 속옷을 제비 뽑을 것이라고 예언되어 있습니다.

"내 겉옷을 나누며 속옷을 제비 뽑나이다." 시편 22:18

위로부터 온 옷, 아노덴

예수님의 속옷은 이어 붙인 것이 아닌 위에서부터 통으로 짠 것, 즉 한 줄의 실(날줄)로 짜서 실밥을 풀면 한 줄의 실 그대로 풀려 나눌 수 없는 옷이었습니다.

"…이 속옷은 호지 아니하고 '위에서부터' 통으로 짠 것이라."

요한복음 19:23

이 요한복음 말씀에서 '위에서부터'라는 단어의 원어는 '아노덴'(ἄνωθεν)으로 '위로부터, 태초부터, 하늘로부터'라는 뜻을 가지고 있습니다. 우리는 이 단어를 통하여 예수님이 땅이 아닌 하늘에 속하신 분임을 알 수 있습니다. 아노덴은 요한복음 19장 23절뿐 아니라 3장 31절에도 사용되었습니다.

"'위로부터' 오시는 이는 만물 위에 계시고 땅에서 난 이는 땅에 속하여 땅에 속한 것을 말하느니라 하늘로서 오시는 이는

만물 위에 계시나니." 요한복음 3:31

전능하신 하나님의 아들 예수 그리스도는 진실로 하늘에 속하신 분입니다. 만물 위에 계시고 만물을 다스리시는 왕의 권위를 가지신 분입니다!

요세푸스의 기록에 따르면, 당시 통으로 짠 속옷은 '대제사장'이 입는 옷이었다고 합니다. 대제사장은 죄를 지은 백성을 대신하여 하나님께 나아가 그들의 죄를 사하기 위한 희생제물을 가지고 제사를 담당하는 자였습니다. 그래서 이 옷을 강제로 찢는 것은 신에 대한 도전으로 받아들여졌습니다.

"앞서 가신 예수께서 멜기세덱의 반차를 따라 영원히 대제사장이 되어 우리를 위하여 들어가셨느니라." 히브리서 6:20

예수님은 영원한 대제사장이 되셔서 우리를 살리시기 위하여 십자가에서 피의 제사를 드리셨습니다. 우리의 죄를 모두 담당하시고 그분 자신을 희생 제물로 드리셨습니다. 십자가에서 모든 피를 흘려 우리를 깨끗하게 하셨습니다. 당신은 예수님의 피로 영적 목욕을 한 존재입니다. 예수님의 보배로운 피는 당신의 모든 더러움을 깨끗하게 하였습니다.

"이미 목욕한 자는 발밖에 씻을 필요가 없느니라 온몸이 깨끗

하니라." 요한복음 13:10

"우리는 그리스도 안에서 그의 은혜의 풍성함을 따라 그의 피
로 말미암아 속량 곧 죄 사함을 받았느니라." 에베소서 1:7

이제 우리는 죄를 용서받기 위하여 제사를 드릴 필요가 없습
니다. 우리를 위하여 영원한 한 제사를 드리신 예수님을 믿기만
하면 하나님께 담대히 나아갈 수 있습니다. 예수님이 죄로 인하
여 하나님과 우리 사이에 막혀 있던 담을 영원히 허셨습니다.
이는 세상 사람들이 모두 들어야 할 가장 기쁜 소식입니다.

단번에 끝난 제사, 영원한 효력

다음은 히브리서 9장 말씀입니다. 이 말씀은 앞에서 나눈 메
시지들을 가장 정확하고 확실하게 풀어 주고 있습니다. 15절에
서 28절까지 다소 긴 구절이나 천천히 묵상해 보시길 권합니다.

"그러므로 그리스도는 새 계약의 중재자가 되셨습니다. 이것
은 첫 계약 아래서 범한 죄를 속죄하시려고 죽으셔서 하나님의
부르심을 받은 사람들이 약속된 영원한 축복을 받도록 하기 위
한 것입니다.
유언이 효력을 나타내려면 유언한 사람이 반드시 죽어야 합

니다. 그것은 유언한 사람이 살아 있으면 아무 효력도 없고 죽어야만 효력이 나타나기 때문입니다. 따라서 첫 계약도 피로써 효력을 갖게 되었습니다.

모세는 율법에 따라 모든 계명을 온 백성에게 말한 후에 송아지와 염소의 피를 물과 함께 가지고 와서 붉은 양털과 우슬초에 적셔 율법책과 모든 백성에게 뿌리면서 '이것은 하나님이 여러분과 맺은 계약의 피입니다'라고 하였습니다. 그리고 그는 성막과 제사에 쓰이는 모든 물건에도 그와 같이 피를 뿌렸습니다. 율법에 의하면 거의 모든 것이 다 피로써 깨끗하게 되며 피 흘림이 없으면 죄의 용서도 없습니다.

하늘에 있는 것들을 모방한 지상의 모형들은 이런 방법으로 깨끗하게 해야 했습니다. 그러나 하늘에 있는 것들은 이보다 더 나은 제물로 깨끗하게 해야 합니다. 그리스도께서는 참 성소의 모형에 불과한 사람의 손으로 만든 지상의 성소에 들어가신 것이 아니라 우리를 위해 하나님 앞에 나타나시려고 하늘에 있는 성소에 들어가셨습니다.

대제사장은 자기의 피가 아닌 짐승의 피를 가지고 해마다 지성소에 들어갔으나 그리스도께서는 자주 자기를 드릴 필요가 없었습니다. 만일 그렇게 해야 한다면 그리스도께서 세상이 창조될 때부터 자주 고난을 받았어야 했을 것입니다. 그러나 이제 그리스도는 자기를 제물로 드려 죄를 없애려고 역사의 끝에 단번에 나타나셨습니다.

사람이 한 번 죽는 것은 정해진 운명이지만 죽은 후에는 심판이 있습니다. 이와 같이 그리스도께서도 많은 사람의 죄를 없애려고 단번에 희생의 제물이 되셨습니다. 그리고 다시 오실 때에는 죄를 위해서가 아니라 자기를 기다리는 사람들에게 구원을 주시기 위해서 두 번째 나타나실 것입니다." 현대인의성경

지금까지 우리는 이 땅에서 입으신 예수님의 옷에 대하여 나누면서 그분의 왕 되심을 보았습니다. 예수님은 왕의 위엄으로 이 땅에 다시 오실 것입니다. 그때는 우리 죄를 씻기시기 위해서가 아닌, 그분을 믿는 자들을 천국으로 인도하시고 각 사람이 행한 대로 심판하기 위하여 오실 것입니다.

태초에 아담과 하와에게 가죽옷을 입히신 그 구원의 언약의 표징은 십자가를 통하여 완성되었습니다. 그리고 이제 예수님은 이 땅에 다시 오시겠다는 약속을 이루실 것입니다. 당신은 예수님이 이 땅을 심판하러 다시 오실 것을 믿습니까? 그 이름을 믿는 자에게는 영생이 있습니다.

"내가 하나님의 아들의 이름을 믿는 너희에게 이것을 쓰는 것은 너희로 하여금 너희에게 영생이 있음을 알게 하려 함이라." 요한일서 5:13

chapter 22

그날에 피 묻은 옷을 입고 오십니다

예수님의 보배로운 피로 말미암아 속량, 곧 죄 사함을 받은 성도는 이제 이 땅에서 다시 오실 예수님을 기다리며 살아갑니다. 그분이 오시면 모든 눈물을 닦아 주시고 천국으로 인도해 주실 것입니다.

다시 오실 예수님은 아주 특별한 옷을 입고 오시는데, 그 옷은 바로 '피 묻은 옷'입니다. 왜 예수님은 피 묻은 옷을 입고 오실까요? 그 옷은 십자가에서 쏟으신 피로 우리를 깨끗하게 하신 예수님을 떠올리게 합니다.

> "나는 또 하늘이 열리고 거기 흰 말이 있는 것을 보았습니다. 그 말 위에는 '신실'과 '진실'이라고 부르는 분이 앉아서 정의로 심판하며 싸우고 있었습니다. 그분의 눈은 불꽃 같고 머리에는 많은 왕관을 썼으며 자기 외에는 아무도 알 수 없는 이름이 몸에 쓰여 있었습니다. 그분은 '피 묻은 옷'을 입었으며 그분의 이름은 하나님의 말씀이었습니다." 요한계시록 19:11-13, 현대인의성경

이 세상의 모든 사람은 예수님을 믿지 않는 사람과 예수님을

믿고 그분과 연합하여 살아가는 사람 이렇게 두 분류로 나뉩니다. 중간은 없습니다. 예수님의 옷은 영원한 생명이 달린 문제이므로 우리는 다시 오실 '예수님의 옷'과 '십자가 사건'에 대하여 좀 더 자세히 알아볼 필요가 있습니다.

예수님의 십자가

2천년 전, 예수님은 두 명의 다른 죄수들과 함께 십자가에 달리셨습니다. 십자가형은 고통 가운데 몸부림치다가 결국 질식사(발을 받치고 있는 기둥을 밀어 십자가에 매달린 몸을 들어올려야 폐가 팽창하고 수축할 수 있는데 시간이 갈수록 지쳐서 숨을 쉴 수 없게 됨)로 사망하는 당시 최고형으로 목숨을 잃을 때까지 2-3일 정도 걸렸다고 합니다. 그런데 성경을 보면 예수님은 하루도 되지 않아 돌아가신 것을 알 수 있습니다.

예수님은 유대 시간으로 제 삼시, 즉 오전 아홉 시에 십자가에 못 박히셨습니다. 그리고 오후 세 시까지 여섯 시간 동안 십자가에 달려 계시다가 돌아가셨습니다. 로마의 총독 빌라도는 사람이 십자가에 달려 여섯 시간 만에 숨진 것이 의아하여 이를 백부장에게 확인하도록 지시했습니다.

"빌라도는 예수께서 벌써 죽었을까 하고 이상히 여겨 백부장을 불러 죽은 지 오래냐 묻고." 마가복음 15:44

예수님이 십자가에 달려 돌아가신 정확한 일시는 유월절 전날(예비일)인 니산월(유대 종교력으로 1월, 양력으로는 3-4월에 해당) 14일 제 구시(오후 3시)였습니다. 그때 유대인들은 신명기 21장 22-23절 말씀을 근거하여 나무 위에 달린 시체를 밤새 두지 않고 바로 처리하길 원했습니다. 그래서 예수의 다리를 꺾어 달라고, 즉 빨리 죽여 달라고 요청했습니다. 당시 로마는 경고의 메시지로 죄수의 시체를 계속 매달아 두었기 때문입니다. 십자가에 달린 죄수가 그 위에서 몸을 의지할 곳이라곤 발밑밖에 없는데 다리를 꺾으면 어떻게 되겠습니까? 곧 죽음에 이를 수밖에 없습니다. 몸을 의지하지 못하면 양팔과 가슴에 오는 압력을 견디지 못하고 질식사하게 되는 것입니다.

"이 날은 준비 일이라 유대인들은 그 안식일이 큰 날이므로 그 안식일에 시체들을 십자가에 두지 아니하려 하여 빌라도에게 그들의 다리를 꺾어 시체를 치워 달라 하니 군인들이 가서 예수와 함께 못 박힌 첫째 사람과 또 그 다른 사람의 다리를 꺾고 예수께 이르러서는 이미 죽으신 것을 보고 다리를 꺾지 아니하고 그중 한 군인이 창으로 옆구리를 찌르니 곧 피와 물이 나오더라 이를 본 자가 증언하였으니 그 증언이 참이라 그가 자기의 말하는 것이 참인 줄 알고 너희로 믿게 하려 함이니라 이 일이 일어난 것은 그 뼈가 하나도 꺾이지 아니하리라 한 성경을 응하게 하려 함이라 또 다른 성경에 그들이 그 찌른 자를 보리

라 하였느니라." 요한복음 19:31-37

군인들은 예수님과 함께 못 박힌 두 강도의 다리를 먼저 꺾은 후, 예수님께로 향하였으나 이미 죽은 것을 보고 다리를 꺾지 않았습니다. 이는 예수님이 태어나시기 이미 오래전에 시편 기자가 예언한 것이었습니다.

"그의 모든 뼈를 보호하심이여 그 중에서 하나도 꺾이지 아니하도다." 시편 34:20

그리고 예수님이 돌아가신 시간은 유대인들이 유월절 양을 잡아 하나님께 제물로 드리는 시간과 같았습니다. 예수님이 바로 우리 죄를 대신하여 희생당한 유월절의 어린양이 되신 것입니다.

"보라 세상 죄를 지고 가는 하나님의 어린양이로다." 요한복음 1:29

고통 가운데 터져버린 심장

"그중 한 군인이 창으로 옆구리를 찌르니 곧 피와 물이 나오더라." 요한복음 19:34

한 군인이 창으로 돌아가신 예수님의 옆구리를 찌르자 피와 물이 나왔습니다. 이 현상은 십자가형에서뿐 아니라 일반적으로도 보기 어려운 것이었습니다. 왕립의학협회의 의학박사이자 20세기 최고의 강해설교가인 마틴 로이드 존스는 죽은 사람의 옆구리를 바로 찌르면 피와 물이 나오지 않는다고 말합니다. 만약 그렇다면 원인은 단 하나, 심장 파열밖에 없다고 설명합니다(「마틴 로이드 존스의 십자가」, 두란노). 일찍이 1847년에 W. 스트라우드 박사(W. Stroud, Physical Cause of the Death of Christ)도 피와 물은 예수님이 심장 파열로 죽은 증거라고 했습니다.

이 현상에 대하여 조금 더 나누면, 피를 병에 넣고 가만히 두면 위는 혈청(물), 아래는 핏덩어리(피) 이렇게 두 층으로 나뉩니다. 만약 예수님의 심장이 터지지 않았다면 피와 물이 나뉘어 나오지 않았을 것입니다. 그러나 심장이 터졌기에 안에 고여 있던 피가 두 층으로 나뉘어져 있다가 옆구리를 찌르자 피와 물로 나뉘어 나온 것입니다.

심장이 터질 만큼 아프셨던 예수님의 고통을 어찌 다 말로 표현할 수 있을까요? 십자가에 달리신 예수님은 "나의 하나님, 나의 하나님, 어찌하여 나를 버리셨나이까!"라고 크게 소리 지르셨습니다.

"제 육시로부터 온 땅에 어둠이 임하여 제 구시까지 계속되더니 제 구시쯤에 예수께서 크게 소리 질러 이르시되 엘리 엘리

라마 사박다니 하시니 이는 곧 나의 하나님, 나의 하나님, 어찌
하여 나를 버리셨나이까 하는 뜻이라." 마태복음 27:45-46
"예수께서 다시 크게 소리 지르시고 영혼이 떠나시니라." 마태복
음 27:50

저는 심장이 터질 만큼 괴로움을 느끼셨던 예수님의 고통을
감히 상상할 수 없습니다. 정말로 극심한 고통이었을 것입니다.
예수님은 자신이 어떠한 죽임을 당하실지 다 아셨음에도 우리
가 받아야 할 모든 심판과 저주를 다 받으셨습니다.

"인자가 많은 고난을 받고 장로들과 대제사장들과 서기관들에
게 버린 바 되어 죽임을 당하고 사흘 만에 살아나야 할 것을 비
로소 그들에게 가르치시되." 마가복음 8:31

그렇게 예수님은 유월절의 어린양이 되셨습니다. 예수님이
다시 오실 때 입고 오실 '피 묻은 옷'은 그분이 우리를 위하여 스
스로 희생제물이 되신 것을 나타냅니다.

"하나님이 이 같은 일을 수행하심은 우리가 그 벌을 받지 않도록 하기
위함이었고, 우리가 지옥으로 떨어지는 것을 막기 위함이었습니다. 영
원한 고통과 불행을 당하는 비참한 자리에 거하지 못하게 하심이었습
니다. 이것이 우리에게 향한 하나님의 사랑입니다. 이 사랑이야말로

듣는 이로 하여금 심금을 울리게 하는 십자가의 영광이며, 저와 여러분이 형벌 당하지 않도록 자기 아들을 아끼지 아니하신 하나님의 사랑입니다."「마틴 로이드 존스의 십자가」

예수님은 죽는 순간까지도 그분이 이루셔야 할 사명을 놓지 않으셨습니다. 우리는 이를 "다 이루었다"라고 선포하신 예수님의 고백을 통해 알 수 있습니다.

"예수께서 신 포도주를 받으신 후에 이르시되 '다 이루었다' 하시고 머리를 숙이니 영혼이 떠나가시니라." 요한복음 19:30

다음은 「성경에 나타난 여호와의 절기, 하나님의 시간표」(김삼성, 열두제자)에 나오는 내용입니다.

"대제사장이 유월절 어린양을 다 잡고 난 이후에 이렇게 말했다고 합니다. '끝났다.' 우리 민족의 죄를 위한 대속의 양이 죽었으니 유월절 제사가 성공적으로 끝났다고 말했던 것입니다. 그리고 유월절 양을 잡은 그 시간에 주님도 똑같이 '다 이루었다' 하고 외치셨습니다. '우리의 모든 죄악을 위해서 주님이 자신의 몸을 던지는 일이 다 이루어졌다. 하나님의 속죄가 이루어졌다'라고 외쳤던 것입니다."

저는 우리를 위하여 자신의 심장을 찢으신 예수님을 생각할 때마다 내가 얼마나 사랑받는 존재인지를 깊이 생각합니다. 진정 하나님의 사랑이 다 이루셨습니다!

예수의 흔적

"내가 내 몸에 예수의 '흔적'을 지니고 있노라." 갈라디아서 6:17

이 말씀에 나오는 '흔적'은 원어로 '스티그마'(στίγμα)입니다. 갈라디아서 저자는 자신의 몸에 예수의 흔적을 지니고 있노라고 고백합니다. 그렇다면 당신은 어떻습니까?

저는 심장을 이식받은 사람이 이렇게 고백하는 것을 들은 적이 있습니다. "저는 이제 제게 심장을 주신 분의 소중한 생명으로 다시 살아가고 있습니다!" 우리도 예수님의 파열된 심장을 영적으로 이식받아 새 생명을 얻어 확실한 예수의 스티그마를 지니고 있습니다. 그 흔적은 우리를 소생시킵니다.

우리는 예수님과 함께 십자가에 못 박혀 죽고 그분과 함께 살아났습니다. 예수님이 쏟으신 피로 깨끗하게 되었습니다. 새 생명을 얻었습니다. 존재적이며 유전적인 죄의 사슬이 끊어졌습니다. 이제 우리는 예수의 심장으로 살아가며 그분 외에 어떤 것도 필요치 않습니다.

"인자의 피를 마시지 아니하면 너희 속에 생명이 없느니라." 요
한복음 6:53

믿음으로 예수 그리스도의 피를 마신 우리는 성령님과 함
께 합니다. 그리스도와 하나가 되었습니다. 당신도 그러합니다.
예수님 안에 당신이 있고 당신 안에 예수님이 계십니다(요한복음
17:26). 깨지지 않는 언약으로 당신을 피로 사신 예수님께서 이
일을 행하셨습니다.

"증언하는 이가 셋이니 성령과 물과 피라 또한 이 셋은 합하여
하나이니라 만일 우리가 사람들의 증언을 받을진대 하나님의
증거는 더욱 크도다 하나님의 증거는 이것이니 그의 아들에 대
하여 증언하신 것이니라 하나님의 아들을 믿는 자는 자기 안에
증거가 있고 하나님을 믿지 아니하는 자는 하나님을 거짓말하
는 자로 만드나니 이는 하나님께서 그 아들에 대하여 증언하신
증거를 믿지 아니하였음이라 또 증거는 이것이니 하나님이 우
리에게 영생을 주신 것과 이 생명이 그의 아들 안에 있는 그것
이니라." 요한일서 5:7-11

제 평생에 전하고 싶은 것, 그것은 바로 십자가의 복음입니
다. 저는 오늘도 내일도 변함없이 "당신을 사랑하셔서 그분의 피
로 당신의 죄와 사망에서 건져 주신 예수님을 믿으세요!"라고

외치길 원하고 또 외칠 것입니다.

하나님께서 우리 한 사람 한 사람을 지극히 사랑하셔서 그분의 하나뿐인 아들을 우리의 대속물로 주셨습니다. 그러므로 누구든지 예수님을 믿으면 멸망하지 않고 영원한 생명을 얻습니다. 이는 나의 어떠한 자격이나 행위로써가 아닌 오직 믿음으로 인하여 은혜로 받는 것입니다.

우리는 매순간 십자가를 바라보아야 합니다. 성경을 읽으면서 십자가의 절절한 사랑을 만나야 합니다. 혹여 지금 "하나님이 왜 날 사랑하시지?"라는 의심이 든다면, 하나님 그분 자체가 사랑이시고 당신은 그분이 택하신 귀한 자녀라고 전해 주고 싶습니다. 당신은 이토록 사랑받는 존재입니다. 그것을 잊지 말고 살아가시길 기도합니다.

주님이 피 묻은 옷을 입고 이 땅에 다시 오실 때, 십자가를 만난 사람은 그분을 알아볼 것입니다. 그 옷에 묻은 피가 내 모든 허물과 죄악을 덮으시기 위하여 흘리신 예수님의 핏자국임을 말입니다.

"그가 찔림은 우리의 허물 때문이요 그가 상함은 우리의 죄악 때문이라 그가 징계를 받으므로 우리는 평화를 누리고 그가 채찍에 맞으므로 우리는 나음을 받았도다 우리는 다 양 같아서 그릇 행하여 각기 제 길로 갔거늘 여호와께서는 우리 모두의 죄악을 그에게 담당시키셨도다." 이사야 53:5-6

chapter 23

당신은 부활의 옷을 입어야 합니다

지금 원고를 쓰고 있는 계절은 가을입니다. 모두가 힘든 요즘 하나님이 만드신 아름다운 자연을 바라보며 마음에 위안을 얻습니다. 아름다운 빨간색, 노란색으로 물든 나무를 바라보고 떨어진 낙엽을 밟으면서 하나님의 손길이 담긴 창조물의 아름다움에 다시 한번 감탄합니다. 그분이 지으신 모든 것이 참으로 아름답습니다. 사람이 흉내 낼 수 없는 색의 조화와 완성된 디자인은 여호와 하나님이 얼마나 위대하고 완전하신 분인지를 잘 나타냅니다.

자연은 하나님이 정하신 순리를 역행하지 않습니다. 계절은 내 사정과 시대의 현상과 상관없이 때를 따라 진행됩니다. 우리는 이를 통하여 하나님께서 '때'를 정하시는 분임을 알 수 있습니다.

하나님의 때

하나님은 왜 계절을 나누어 놓으셨을까요? 우리는 다음 말씀에서 이를 확인할 수 있습니다.

> "하나님이 이르시되 하늘의 궁창에 광명체들이 있어 낮과 밤
> 을 나뉘게 하고 그것들로 징조와 계절과 날과 해를 이루게 하
> 라." 창세기 1:14

하나님은 광명체인 해와 달을 만드시고 낮과 밤을 나누셨습
니다. 그것을 통하여 징조와 계절과 날과 년을 구분하셨습니다.
위의 말씀에서 '계절'은 히브리어 원어로 '모에드'(מוֹעֵד)입니다.
이 단어는 '계절', 특히 '절기, (지정된) 때, 집회 장소, (미리 지
정된) 신호'라는 뜻입니다.

하나님이 만드신 피조물들은 각기 사명이 있으며 해와 달의
사명은 징조와 때를 결정하는 일을 감당합니다. 일 년이 365일로
정해지고 사계절로 나뉘는 것, 하루가 24시간인 것은 태초에 하
나님께서 광명체를 그렇게 나누어 놓으셨기 때문입니다. 자연은
정해진 때가 되면 싹이 돋고 꽃이 피고 또 집니다. 하나님의 주권
가운데 움직이고 정해진 그날을 향하여 달려갑니다. 천지에 있는
것이 다 주의 것이며 그분은 만물의 머리이십니다.

> "여호와여 위대하심과 권능과 영광과 승리와 위엄이 다 주께
> 속하였사오니 천지에 있는 것이 다 주의 것이로소이다 여호와
> 여 주권도 주께 속하였사오니 주는 높으사 만물의 머리이심이

니이다." 역대상 29:11

모든 것이 만유의 머리이신 여호와 하나님의 경영으로 이루어집니다. 그분의 다스림을 받는 자연은 그분이 정하신 때에 맞춰 움직이며 우리에게 그 징조를 보여 줍니다. 그리고 우리는 그 징조를 보며 하나님의 때를 분별할 수 있습니다.

그 '때'는 하나님께서 우리를 구원하시는 구속사의 때입니다. 시간에 종속된 사람과 피조물은 예수 그리스도의 다시 오심을 향하여 달려가고 있습니다. 하나님이 정해 놓으신 '여호와의 날'에 예수님은 반드시 이 땅에 다시 오실 것입니다.

그날이 오기 전에 해와 달에 징조가 있을 것입니다. 하나님은 그분의 시간표인 '모에드'를 통하여 예수님이 다시 오실 때의 징조가 무엇인지 말씀하셨습니다.

"여호와의 크고 두려운 날이 이르기 전에 해가 어두워지고 달이 핏빛같이 변하려니와 누구든지 여호와의 이름을 부르는 자는 구원을 얻으리니 이는 나 여호와의 말대로 시온산과 예루살렘에서 피할 자가 있을 것임이요 남은 자 중에 나 여호와의 부름을 받을 자가 있을 것임이니라." 요엘 2:31-32
"주의 크고 영화로운 날이 이르기 전에 해가 변하여 어두워지고 달이 변하여 피가 되리라." 사도행전 2:20
"그때에 그 환난 후 해가 어두워지며 달이 빛을 내지 아니하며 별들이 하늘에서 떨어지며 하늘에 있는 권능들이 흔들리리라 그때에 인자가 구름을 타고 큰 권능과 영광으로 오는 것을 사람들이 보리라." 마가복음 13:24-26

이 말씀들에서 알 수 있듯 광명체인 해와 달은 예수님께서 다시 오실 때에 나타날 징조를 보여 줍니다. 해가 어두워지고 달이 빛을 잃고 별들이 하늘에서 떨어지며 하늘에 있는 권능들이 흔들릴 때, 예수님이 다시 오실 것입니다. 심판자로 오셔서 믿는 자를 구원하시고 믿지 않는 자를 심판하실 것입니다. 그분이 다시 오실 때는 자연현상을 통해서도 모든 사람에게 알려질 것입니다. 우리는 주위에서 일어나는 모든 현상을 통하여 하나님의 구원하심을 느낄 수 있어야 합니다.

꽃이 지면 다시 피고

계절마다 많은 변화가 있고 그에 따라 사람의 감정도 영향을 받습니다. 특히, 가을과 겨울에는 잎이 다 떨어져 고독함과 쓸쓸함이 더욱 느껴집니다. 무언가 사라지는 것에 대한 두려움도 느껴집니다. 아마 우리도 떨어지는 잎처럼 언젠가 반드시 사라질 존재이기에 그럴 것입니다. 이 세상의 어느 누구도 죽음을 피할 수 없습니다. 영원히 떨어지지 않을 것 같은 싱그러운 잎도 하나님이 정하신 가을의 '모에드'에 떨어지듯 아무리 부유하고 건강한 사람도 언젠가는 죽습니다. 하나님의 때에 순응하여 화려한 옷을 벗는 나무를 바라보면서 저 또한 그러한 존재임을 절실히 깨닫습니다.

모든 나무가 가지만 남은 채 앙상한 상태로 계속 유지된다면 얼마나 슬플까요? 감사하게도 우리 하나님은 겨울이 지나 봄이 오게 하십니다. 매일 어둔 밤이 지나 해가 떠오르게 하십니다. 아침이 될 때마다, 계절이 바뀔 때마다 새날을 경험하게 하십니다. 그렇다면 하나님은 왜 그분의 때를 따라 다시 새로워지는 자연을 통하여 그분의 뜻을 나타내실까요?

저는 하나님께서 다시 생명을 피우는 계절을 통하여 우리에게 부활이 있음을 알려 주시는 것이 아닐까 생각해 봅니다. 그래서 떨어지는 나뭇잎을 바라보는 것이 마냥 슬프지 않습니다. 봄이 오면 다시 꽃이 피고 다시 잎이 무성해질 것을 알기 때문입니다.

하나님을 믿지 않는 사람들도 이러한 자연 속 계시를 통하여 그분을 느낄 수 있습니다. 하나님이 우리 인간을 그렇게 지으셨기 때문입니다.

"창세로부터 그의 보이지 아니하는 것들 곧 그의 영원하신 능력과 신성이 그가 만드신 만물에 분명히 보여 알려졌나니 그러므로 그들이 핑계하지 못할지니라." 로마서 1:20

허물을 벗는 날

그 어느 때보다 더 주변에서 아픈 분들의 소식이 많이 들려오는 요즘입니다. 우리가 어떻게 죽음이 삶으로 가깝게 다가온 그들을 위로할 수 있을까요? 위로를 전할 수 있는 진정한 방법은 '예수 그리스도의 부활'을 전하는 것입니다. 예수님은 죽음을 이기신 유일한 분이시기 때문입니다.

예수님은 십자가에서 돌아가시고 사흘 간 무덤에 장사되어 계셨습니다. 그때 누군가는 그분의 죽음에 실망하였고 누군가는 슬픔에 잠겨 있었습니다. 그러나 그분의 이야기는 결코 죽음에서 끝나지 않습니다!

예수님의 시신을 보러 간 막달라 마리아는 예수님이 장사된 돌무덤이 열려 있는 것을 보았습니다.

"안식일이 다 지나고 안식 후 첫날이 되려는 새벽에 막달라 마리아와 다른 마리아가 무덤을 보려고 갔더니 … 그 형상이 번개 같고 그 옷은 눈 같이 희거늘 지키던 자들이 그를 무서워하여 떨며 죽은 사람과 같이 되었더라 천사가 여자들에게 말하여 이르되 너희는 무서워하지 말라 십자가에 못 박히신 예수를 너희가 찾는 줄을 내가 아노라 그가 여기 계시지 않고 그가 말씀하시던 대로 살아나셨느니라 와서 그가 누우셨던 곳을 보라."

마태복음 28:1,3-6

"안식 후 첫날 새벽에 이 여자들이 그 준비한 향품을 가지고 무덤에 가서 돌이 무덤에서 굴려 옮겨진 것을 보고 들어가니 주 예수의 시체가 보이지 아니하더라 이로 인하여 근심할 때에 문득 찬란한 옷을 입은 두 사람이 곁에 섰는지라 여자들이 두려워 얼굴을 땅에 대니 두 사람이 이르되 어찌하여 살아 있는 자를 죽은 자 가운데서 찾느냐 여기 계시지 않고 살아나셨느니라 갈릴리에 계실 때에 너희에게 어떻게 말씀하셨는지를 기억하라 이르시기를 인자가 죄인의 손에 넘겨져 십자가에 못 박히고 제삼일에 다시 살아나야 하리라 하셨느니라 한대 그들이 예수의 말씀을 기억하고 무덤에서 돌아가 이 모든 것을 열한 사도와 다른 모든 이에게 알리니." 누가복음 24:1-9

하나님께서 예수님을 다시 살리셨습니다. 죽음을 이기고 부활하신 예수님은 일생 동안 죽음의 공포로 인해 종 노릇 하는 우리를 해방시켜 주셨습니다.

"또 죽기를 무서워하므로 한평생 매여 종 노릇 하는 모든 자들을 놓아 주려 하심이니." 히브리서 2:15
"우리 주 예수 그리스도의 아버지 하나님을 찬송하리로다 그의 많으신 긍휼대로 예수 그리스도를 죽은 자 가운데서 부활하게 하심으로 말미암아 우리를 거듭나게 하사 산 소망이 있게 하시며." 베드로전서 1:3

「어린이를 위한 신앙낱말사전」(김주련, 성서유니온)은 부활을 다음과 같이 아주 쉽게 설명해 주고 있습니다.

"부활은, 다시 죽지 않는 거예요. 꽃이나 나무를 꺾으면 꺾인 가지는 금세 죽어 버리지만 흙 속에 심긴 뿌리가 살아 있으면 꺾인 나무에서 다시 새순이 돋아나요. 생명의 예수님에게 붙어 있으면 다시 살 수 있어요. 부활은, 애벌레가 나비가 되면 다시 애벌레의 옷을 입지 않고 아름다운 나비로 훨훨 날아다니는 것처럼, 예수님을 믿는 사람이 죄의 허물을 벗고, 아름답고 새로운 삶을 시작하는 거예요."

부활의 기쁜 소식을 들은 우리가 어찌 썩어져 가는 이 세상에 소망을 둘 수 있을까요? 만약 예수님이 다시 살아나셨다는 소식 외에 우리가 붙잡아야 할 또 다른 소망이 있다면 그것은 거짓입니다. 사망을 폐하신(디모데후서 1:10) 예수님을 믿음으로써 '부활의 옷을 입는 것'이 가장 기쁜 소식입니다. 하나님께서 정하신 그분의 '모에드', 즉 예수님이 다시 오실 그날에 주를 믿는 모든 자는 부활하여 새 옷을 입을 것입니다. 그날이 오면 영원한 생명의 나라에 들어갈 것입니다.

"예수께서 이르시되 나는 부활이요 생명이니 나를 믿는 자는 죽어도 살겠고 무릇 살아서 나를 믿는 자는 영원히 죽지 아니하리니 이것을 네가 믿느냐 이르되 주여 그러하외다 주는 그

리스도시요 세상에 오시는 하나님의 아들이신 줄 내가 믿나이다." 요한복음 11:25-27

우리가 사랑하는 사람에게 줄 수 있는 가장 큰 선물은 '예수 그리스도'를 전하는 것입니다. 십자가의 복음을 전하는 것입니다. 저는 부활과 영원한 생명을 선물로 전하는 것, 바로 이것에 제 목숨을 걸고 싶습니다.

"사실 내 아버지의 뜻은 아들을 보고 믿는 사람마다 영원한 생명을 얻는 것이다. 그리고 나는 마지막 날에 그들을 다시 살릴 것이다." 요한복음 6:40, 현대인의성경

우리가 입고 있는 육신은 애벌레가 나비가 되기 위하여 허물을 벗듯 미련 없이 벗어 던져야 할 허물이자 우리 영혼의 임시 처소입니다. 다음 말씀을 기록한 예수님의 제자 베드로는 자신의 몸을 '장막'이라고 표현했습니다.

"내가 이 '장막'에 있을 동안에 너희를 일깨워 생각나게 함이 옳은 줄로 여기노니 이는 우리 주 예수 그리스도께서 내게 지시하신 것 같이 나도 나의 '장막'을 벗어날 것이 임박한 줄을 앎이라." 베드로후서 1:13-14

장막의 원어는 '스케노마'(σκήνωμα)이고 영혼의 임시 처소인 '몸, 성막, 텐트'를 의미합니다. 즉, 장막은 잠시 머무르는 임시 처소일 뿐 집이 아닙니다. 임시 처소인 우리 몸은 언젠가 썩어 없어지나 우리 영혼은 예수 그리스도와 함께 새롭고 신령한 몸을 입게 될 것입니다. 그리고 본향인 천국에서 영원히 살게 될 것입니다.

예수님이 다시 오실 그날이 다가오고 있습니다. 당신은 사망의 옷을 벗어 버리고 하나님께서 예비하신 그분의 모에드, 즉 예수님의 다시 오심을 기다려야 합니다. 그때 그리스도 안에서 죽은 자들이 일어나 살아남은 자들과 함께 주를 맞이할 것입니다. 이제 그 복된 소망을 품고 살아가십시오.

"형제들아 자는 자들에 관하여는 너희가 알지 못함을 우리가 원하지 아니하노니 이는 소망 없는 다른 이와 같이 슬퍼하지 않게 하려 함이라 우리가 예수께서 죽으셨다가 다시 살아나심을 믿을진대 이와 같이 예수 안에서 자는 자들도 하나님이 그와 함께 데리고 오시리라 우리가 주의 말씀으로 너희에게 이것을 말하노니 주께서 강림하실 때까지 우리 살아남아 있는 자도 자는 자보다 결단코 앞서지 못하리라 주께서 호령과 천사장의 소리와 하나님의 나팔 소리로 친히 하늘로부터 강림하시리니 그리스도 안에서 죽은 자들이 먼저 일어나고 그 후에 우리 살아남은 자도 그들과 함께 구름 속으로 끌어올려 공중에서 주를 영접하게 하시리니 그리하여 우리가 항상 주와 함께 있으리라 그러므로 이러한 말로 서로 위로하라." 데살로니가전서 4:13-18

"보라 내가 너희에게 비밀을 말하노니 우리가 다 잠 잘 것이 아니요 마지막 나팔에 순식간에 홀연히 다 변화되리니 나팔 소리가 나매 죽은 자들이 썩지 아니할 것으로 다시 살아나고 우리도 변화되리라 이 썩을 것이 반드시 썩지 아니할 것을 입겠고 이 죽을 것이 죽지 아니함을 입으리로다 이 썩을 것이 썩지 아니함을 입고 이 죽을 것이 죽지 아니함을 입을 때에는 사망을 삼키고 이기리라고 기록된 말씀이 이루어지리라 사망아 너의 승리가 어디 있느냐 사망아 네가 쏘는 것이 어디 있느냐 사망이 쏘는 것은 죄요 죄의 권능은 율법이라 우리 주 예수 그리스도로 말미암아 우리에게 승리를 주시는 하나님께 감사하노니 그러므로 내 사랑하는 형제들아 견실하며 흔들리지 말고 항상 주의 일에 더욱 힘쓰는 자들이 되라 이는 너희 수고가 주 안에서 헛되지 않은 줄 앎이라." 고린도전서 15:51-58

chapter 24

혼인잔치에 입을 예복이 필요합니다

중요한 장소에 가야 하는데 입을 만한 옷이 마땅치 않으면 우리는 적지 않게 스트레스를 받습니다. 그것은 TPO(스타일링의 3요소: 시간-Time, 장소-Place, 상황-Occasion) 중에서 '장소'에 관한 문제입니다. 저 역시 고객과 동행 쇼핑을 가기 전에 옷을 입고 갈 장소를 미리 확인하여 가장 적합한 옷을 고를 수 있도록 준비합니다. 장소를 모르면 중요한 업무 자리에 데이트 의상을 추천하는 일이 발생할 수도 있기 때문입니다.

의상은 장소와 밀접한 관계가 있으므로 우리는 집, 학교, 직장, 사교모임, 결혼식 등 각각의 장소에 맞는 옷을 입어야 합니다. 이를 크게 두 가지로 나누면 격식이 필요 없는 장소에서 입는 편한 옷과 격식이 있는 자리에서 입는 특별한 옷입니다. 우리는 공식적인 자리에서 입는 의상을 '포멀 웨어'(former wear)라고 부르며 여기에 많은 비용을 투자합니다. 디자인, 소재, 브랜드, 컬러 등 많은 부분에 신경을 씁니다.

왜 우리는 중요한 장소에 갈 때, 특별히 의상에 신경을 쓸까요? 첫째는 본능적으로 잘 보이고 싶은 마음 때문입니다. 둘째는 자신이 그 모임을 아주 특별하게 생각한다는 마음을 나타내기 위함입니다. 반면, 옷에 전혀 신경을 쓰지 않는 사람도 있습니다. 그들은 종종 "어차피 잘 보일 사람도 없는데…"라고 말합니다. 그 말은 누군가에게 잘 보이고 싶은 마음이나 잘 보일 필요가 없다는 의미입니다. 이처럼 옷은 내 우선순위, 내 마음과 관련이 깊어서 그에 따라 영향을 받습니다.

뿐만 아니라 옷은 상대방을 향한 매너와 태도의 결과물이기도 합니다. 매너는 상대방에 대한 예의를 표하는 것입니다. 중요한 자리에 정성껏 준비한 의상을 입고 가는 것은 함께 하는 사람들에게 "이 장소에 있는 것이 제게는 아주 중요합니다"라는 강력한 커뮤니케이션이 됩니다. 반면, 홈웨어를 입고 나타난다면 그는 초청한 사람과 함께 하는 사람들에게 수치심을 줄 수 있습니다. 이처럼 우리가 상대방의 옷에 따라 감정의 변화를 경험하는 이유는 의상이 우리 심령에까지 영향을 끼치기 때문입니다.

저는 스타일링을 받은 고객들이 겉모습의 변화를 넘어 인간관계도 개선되는 것을 많이 봐 왔습니다. 예를 들어, 평소 외모에 신경 쓰지 않던 고객이 스타일링을 받자, 남편의 태도가 몰라보게 달라졌습니다. 물론 외모의 변화로 상대방을 대하는 태도가 달라지는 것은 근본적으로 좋은 태도는 아닙니다. 다만, 상대를 향한 매너를 갖추는 것은 그를 존중하는 표현이기에 중요하다고 생각합니다.

다시 오실 예수님을 맞이할 예복

예수님을 믿는 우리 역시 의복에 대하여 신중하게 생각해 볼 필요가 있습니다. 지금 내가 예수 그리스도로 옷 입고 있는지, 그리고 다시 오실 예수님을 맞이할 예복을 준비하고 있는지 말입니다. 그날에 우리는 어린양 되시는 예수님의 혼인잔치에 참여할 특별한 의상이 필요합니다.

"우리가 즐거워하고 크게 기뻐하며 그에게 영광을 돌리세 어린양의 혼인 기약이 이르렀고 그의 아내가 자신을 준비하였으므로 그에게 빛나고 깨끗한 세마포 옷을 입도록 허락하셨으니 이 세마포 옷은 성도들의 옳은 행실이로다 하더라 천사가 내게 말하기를 기록하라 어린양의 혼인잔치에 청함을 받은 자들은 복이 있도다 하고 또 내게 말하되 이것은 하나님의 참되신 말씀이라 하기로." 요한계시록 19:7-9

우리가 살아가면서 의복에 가장 신경을 쓰는 날은 언제일까요? 아마도 일생에 단 한 번뿐인 예식날일 것입니다. 그날은 가장 아름답고 멋지게 자신을 단장하는 날이며 상대방에게 최고의 매너를 보여 주어야 하는 날입니다. 성경은 마지막 날에 예수 그리스도와 신부의 혼인잔치가 있다고 증거합니다. 하지만 누구나 이 잔치에 참여할 수는 없습니다. 신부의 자격은 예수님이 내 죄를 대신하여 십자가에서 달려 돌아가시고 사흘 만에 부활하신 것과 성부 하나님의 유일한 아들이심을 믿는 성도에게만 주어집니다. 어린양의 혼인잔치에 청함을 받은 자들은 복이 있습니다. 그들은 예수 그리스도의 영원한 사랑을 옷 입은 자이기 때문입니다.

어린양의 혼인잔치에 참여하길 원한다면 우리는 그날을 잘 준비해야 합니다. 신부가 신랑을 위하여 자신을 아름답게 단장하듯 말입니다. 그렇다면 혼인잔치에 참여하기 위하여 우리가 준비해야 할 의복은 무엇일까요? 그것은 바로 빛나고 깨끗한 세마포 옷입니다.

> "그에게 '빛나고 깨끗한 세마포 옷'을 입도록 '허락하셨으니'…." 요한계시록 19:8

여기서 우리가 주목해서 보아야 할 것은 그 옷을 신부가 직접 입는 것이 아니라 입도록 허락하신다는 것입니다. '허락하셨으니'(should be clothed)라는 말은 헬라어로 '디도미'(δίδωμι)입니다. 그 어원은 '선물, (특히) 희생, 제물'이라는 뜻을 가진 '도론'(δῶρον)이고, 그 뜻은 '기증, (논리적 근거에 의해) 선심에 의해서 주다'입니다. 즉, 우리가 혼인잔치에서 입어야 할 옷은 우리 스스로 준비해서 입는 것이 아닌 어린양의 희생을 통하여 친히 준비하여 주신 옷을 하나님께서 입혀 주시는 것입니다.

우리는 결코 깨끗하고 정결한 존재가 아닙니다. 그러나 거룩하고 정결하신 예수님으로 말미암아 정결한 존재가 되었고 그분과 한 몸이 되었습니다. 만약 천국이 우리의 행위로 들어가는 곳이라면 복음은 더 이상 소망이 아닙니다. 우리는 은혜에 의하여 믿음으로 말미암아 구원을 받았습니다(에베소서 2:8).

그렇다고 믿음을 가진 이들에게 행위가 없는 것은 아닙니다. 하나님의 선하신 손길이 옳은 행실을 하도록 이끌어 주시고, 진심으로 믿는 자는 하나님의 말씀대로 살아가기 때문입니다. 따라서 우리는 인간 스스로 구원을 이룬다고 믿는 행위 구원자들과 연합할 수 없습니다. 진리는 비 진리와 함께 할 수 없습니다. 구원은 오직 하나님께서 이루어 가십니다.

"영혼 없는 몸이 죽은 것 같이 행함이 없는 믿음은 죽은 것이니라." 야고보서 2:26

야고보서 2장의 말씀과 같이 행함이 없는 믿음은 죽은 것이며 믿음 없는 행함 또한 있을 수 없습니다. 저는 늘 옳은 행실을 하진 못하나 거듭남을 통하여 옳은 행실이 무엇인지, 죄가 무엇인지 깨닫게 하시고 죄를 짓지 않도록 인도해 주시는 주님을 신뢰합니다. 그래서 저는 오늘보다 내일 더 의로워질 것이며 그분의 이정표를 따라 좁은 길을 걸어갈 것입니다.

다시 정리하면, 예수님의 혼인잔치에 들어가기 위한 예복은 우리 스스로 입을 수 없고, 오직 아버지 하나님께서 입혀 주셔야 입을 수 있습니다. 그 예복은 하나님이 아담과 하와에게 지어 입히신 가죽옷의 완성판입니다.

"여호와 하나님이 아담과 그의 아내를 위하여 가죽옷을 지어 '입히시니라'." 창세기 3:21

이 말씀에서 사용된 '입히시니라'의 원어는 '라바쉬'(לָבַשׁ)이고 그 뜻은 '입히다, 사로잡다, 덮히다, 감동시키다'입니다. 즉, 하나님은 우리에게 예복을 입히시고 우리 마음을 사로잡아 감동시키실 것입니다.

매일 아침, 저는 옷을 입을 때마다 '나는 언제 빛나고 깨끗한 옷을 입을 수 있을까' 생각하며 영원히 썩지 않을 그 옷, 하나님이 입혀 주실 그 옷을 갈망합니다. 죽음과 어두운 절망 속에 쓰러져 있는 우리에게 친히 입혀 주실 그 예복은 우리 마음을 감동시키고 우리를 그분의 영원한 구속으로 사로잡으며 우리에게 기한 없는 참된 자유를 줄 것입니다. 이를 믿고 성화의 삶을 살아간 성도들은 마침내 어린양의 혼인잔치에 들어갈 것입니다.

"…어린양의 혼인잔치에 청함을 받은 자들은 복이 있도다…"

요한계시록 19:9

그날을 사모하는가

"너희는 그 은혜에 의하여 믿음으로 말미암아 구원을 받았으
니 이것은 너희에게서 난 것이 아니요 하나님의 선물이라." 에
베소서 2:8

구원은 하나님의 선물이며 그 선물을 받는 자마다 예수 그리
스도의 십자가를 전하게 됩니다. 예수님이 반드시 이 땅에 다시
오실 것을 믿고 그날을 간절히 사모하기 때문입니다.

하나님은 당신을 절대로 포기하지 않으십니다. 그분은 가만
히 지켜 보시다가 마음에 들지 않으면 "넌 탈락이야"라고 외치
시는 분이 아닙니다. 하나님은 그분의 이름을 위하여 당신을 의
의 길로 인도하실 것입니다. 당신을 위하여 예수 그리스도의 피
로 깨끗하게 씻긴 빛나고 깨끗한 세마포 옷을 준비해 주실 것입
니다. 그리고 마지막 날에 그분이 택하신 자들을 한 명도 빠짐
없이 살리셔서 어린양의 혼인잔치에 참여하게 하실 것입니다.
저는 하나님께서 이를 믿는 모든 자에게 친히 준비하신 옷을 입
히실 그날을 사모하며 기도합니다.

"그와 함께 있는 자들 곧 부르심을 받고 택하심을 받은 진실한 자들도
이기리로다." 요한계시록 17:14

chapter 25

만왕의 왕, 최고의 브랜드입니다

옷으로 사람을 판단하고 차별하는 것, 그리고 옷으로 권위를 내세워 자신을 과시하고 상대를 제압하며 통제하는 것은 하나님이 기뻐하시는 일이 아닙니다. 옷은 죄로 물든 세상에서 그 기능 또한 변질되어 가고 있습니다. 그렇다면 어떻게 우리는 왕되신 예수 그리스도의 옷을 통하여 그분의 참된 권위를 확인할 수 있을까요?

이 세상에 인간으로 오신 예수님은 속옷까지 벗겨지는 수치를 당하셨습니다. 이는 가장 낮고 비참한 자의 모습이었습니다. 그러나 예수님이 다시 오실 때에는 왕의 위엄과 영광을 입고 오실 것입니다. 그분은 심판자요 만왕의 왕으로서 그 누구도 감히 따라 입을 수 없는 옷을 입고 오실 것입니다. 각 사람에게 줄 상을 가지고 오시는 그분을 보는 자마다 그 위엄 앞에 엎드릴 것입니다.

> "보라 내가 속히 오리니 내가 줄 상이 내게 있어 각 사람에게 그의 일한 대로 갚아 주리라 나는 알파와 오메가요 처음과 나중이요 시작과 끝이라." 요한계시록 22:12

십자가에 못 박혀 돌아가신 예수님은 사흘 만에 부활하셨습니다. 그리고 40일 동안 제자들에게 하나님 나라의 일들을 말씀하신 후, 아버지가 계신 하늘로 올라가셨습니다.

"…너희 가운데서 하늘로 올려지신 이 예수는 하늘로 가심을 본 그대로 오시리라 하였느니라." 사도행전 1:11

예수님은 하늘로 올려지신 그대로 다시 오셔서 각 사람의 행위대로 갚아 주실 것입니다. 그 심판의 날은 어느 누구도 피할 수 없습니다. 죽었던 자들도 다 부활하여 심판을 받을 것입니다. 우리는 그 진노의 날이 오기 전에 죄를 회개하고 예수님을 굳게 믿어야 합니다. 믿는 자에게는 진노가 지나가고(pass over) 하나님의 구원이 실제가 될 것입니다.

위엄 있는 왕의 옷

요한계시록은 예수님의 사랑하는 제자 요한이 예수님께서 다시 오실 때에 일어날 일들을 기록한 예언서입니다. 요한은 환상 가운데 본 예수님의 모습에 대하여 다음과 같이 기록하고 있습니다.

"그 눈은 불꽃 같고 그 머리에는 많은 관들이 있고 또 이름 쓴 것 하나가 있으니 자기밖에 아는 자가 없고 또 그가 피 뿌린 옷을 입었는데 그 이름은 하나님의 말씀이라 칭하더라 하늘에 있는 군대들이 희고 깨끗한 세마포 옷을 입고 백마를 타고 그를 따르더라 그의 입에서 예리한 검이 나오니 그것으로 만국을 치겠고 친히 그들을 철장으로 다스리며 또 친히 하나님 곧 전능하신 이의 맹렬한 진노의 포도주 틀을 밟겠고 그 옷과 그 다리에 이름을 쓴 것이 있으니 '만왕의 왕'이요 '만주의 주'라 하였더라." 요한계시록 19:11-16

패션계는 그들만의 로고와 택을 통하여 자신의 브랜드 가치를 증명합니다. 그러나 아무리 세계적인 명품과 브랜드라 할지라도 최상위 가치를 표현하기 위한 모형일 뿐 가장 높고 위대한 분은 예수님이십니다. 그분의 브랜드는 '만왕의 왕'입니다. 그분의 옷에는 온 세계와 우주 만물을 다스리는 '만주의 주'라는 로고가 붙어 있습니다.

뿐만 아니라 다음 말씀을 보면 예수님께서 권위와 위엄을 나타내는 액세서리를 하고 계신 것을 알 수 있습니다.

"또 내가 보니 흰 구름이 있고 구름 위에 인자와 같은 이가 앉으셨는데 그 머리에는 '금 면류관'이 있고 그 손에는 예리한 낫을 가졌더라." 요한계시록 14:14

다시 오실 왕이신 예수님은 머리에 '금 면류관'을 쓰고 계십니다. 관은 왕을 상징하는 것입니다. 실제 스타일링을 할 때도 권위와 위엄을 표현하는 경우에 의상보다는 액세서리에 비중을 많이 둡니다. 그것이 가장 효과적으로 권위를 나타내는 방법이기 때문입니다. 만왕의 왕이신 예수님이 오시는 그날에 어느 누가 그분 앞에서 심판을 견뎌 낼 수 있겠습니까?

"그들의 진노의 큰 날이 이르렀으니 누가 능히 서리요 하더라."
요한계시록 6:17

빛의 근원이신 예수님

"예수께서 또 말씀하여 이르시되 나는 세상의 빛이니 나를 따르는 자는 어둠에 다니지 아니하고 생명의 빛을 얻으리라." 요한복음 8:12

예수님은 빛이십니다. 빛의 근원이신 그분은 우리가 감히 상상할 수 없을 정도로 빛나는 분이시며 모든 어둠을 멸하는 분이십니다. 그분이 오시면 모든 아픔과 고통이 사라질 것입니다. 천국은 하나님께서 우리를 비춰 주시기에 다시는 밤이 없고 등불과 햇빛이 쓸데없을 것입니다.

"다시 밤이 없겠고 등불과 햇빛이 쓸데없으니 이는 주 하나님이 그들에게 비치심이라 그들이 세세토록 왕 노릇 하리로다."
요한계시록 22:5

다음 말씀을 통하여 해가 힘 있게 비치는 것 같은 그분의 얼굴과 그분이 입으신 옷을 상상해 보십시오. 그분의 위엄과 영광을 느껴 보십시오.

"촛대 사이에 인자 같은 이가 발에 끌리는 옷을 입고 가슴에 금띠를 띠고 그의 머리와 털의 희기가 흰 양털 같고 눈 같으며 그의 눈은 불꽃같고 그의 발은 풀무불에 단련한 빛난 주석 같고 그의 음성은 많은 물소리와 같으며 그의 오른손에 일곱 별이 있고 그의 입에서 좌우에 날선 검이 나오고 그 얼굴은 해가 힘 있게 비치는 것 같더라 내가 볼 때에 그의 발 앞에 엎드러져 죽은 자 같이 되매 그가 오른손을 내게 얹고 이르시되 두려워하지 말라 나는 처음이요 마지막이니 곧 살아 있는 자라 내가 전에 죽었었노라 볼지어다 이제 세세토록 살아 있어 사망과 음부의 열쇠를 가졌노니 그러므로 네가 본 것과 지금 있는 일과 장차 될 일을 기록하라." 요한계시록 1:13-19

우리는 빛으로 오셔서 세상을 밝히시고 사랑으로 우리를 일으켜 주시는 예수님을 만나야 합니다. 그분의 아름다우심과 위대하심을 노래하며 일평생 그분만을 바라보아야 합니다.

권위를 입으신 예수님

우리는 하나님이 그리스도로 옷 입혀 주셔야만 온전한 존재가 되는 연약한 피조물입니다. 그러나 왕이신 예수님은 스스로 권위를 입으신 창조주입니다. 능력의 옷을 입으시고 띠를 띤 자존하신 절대자입니다. 그분의 보좌는 견고히 서 있으며 결코 요동치 않습니다.

> "여호와께서 다스리시니 스스로 권위를 입으셨도다 여호와께서 능력의 옷을 입으시며 띠를 띠셨으므로 세계도 견고히 서서 흔들리지 아니하는도다 주의 보좌는 예로부터 견고히 섰으며 주는 영원부터 계셨나이다." 시편 93:1-2

영원부터 계신 그분은 지금도 권위의 옷을 입으시고 당신을 사랑으로 돌보아 주십니다. 참새 한 마리도 그분의 허락 없이 땅에 떨어지지 않는데 하물며 그분의 자녀인 당신은 어떻겠습니까?

> "참새 두 마리가 한 앗사리온에 팔리지 않느냐 그러나 너희 아

버지께서 허락하지 아니하시면 그 하나도 땅에 떨어지지 아니하리라 너희에게는 머리털까지 다 세신 바 되었나니 두려워하지 말라 너희는 많은 참새보다 귀하니라." 마태복음 10:29-31

하나님의 돌보심을 믿고 나아가면 당신은 더욱 평안하고 담대히 이 세상을 살아가게 될 것입니다. 내 옆에 있는 누군가를 그분의 사랑으로 대하게 될 것입니다. 저는 당신이 그분으로부터 오는 순결한 사랑을 날마다 경험하기를 소망합니다. 그러니 이제 권위의 옷을 입으시고 당신과 함께 하시는 만왕의 왕을 따르십시오.

"보라 내가 도둑 같이 오리니 누구든지 깨어 자기 옷을 지켜 벌거벗고 다니지 아니하며 자기의 부끄러움을 보이지 아니하는 자는 복이 있도다." 요한계시록 16:15

chapter 26

명품을 입어도 아무 소용없습니다

사람은 의식주 없이 살아갈 수 없습니다. 더욱이 의식주는 서로가 긴밀하게 연결되어 있어 벌거벗고 있거나 굶거나 집이 없으면 한 존재로서 이 세상을 살아가기가 쉽지 않습니다.

일평생 의식주에 매여 살아가는 성인의 삶은 참으로 고단합니다. 하지만 의지할 부모가 있는 자녀는 그렇지 않습니다. 의상, 양식, 집 모두 부모가 공급해 주기에 스스로 구하려고 애쓰지 않아도 됩니다. 우리도 마찬가지입니다. 하나님 아버지의 자녀들은 의식주에 매이지 않습니다. 하지만 아버지를 떠난 사람들은 스스로 의식주를 구하기 위하여 애씁니다. 더 나은 의식주를 삶의 목표로 두고 치열하게 살아갑니다.

"그런 다음 예수님은 제자들에게 말씀하셨다. 그러므로 내가 너희에게 말한다. 너희 생명을 위해 무엇을 먹을까, 너희 몸을 위해 무엇을 입을까 걱정하지 말아라. 생명이 음식보다 더 중요하고 몸이 옷보다 더 중요하다. 까마귀를 생각해 보아라. 까마귀는 씨를 뿌리거나 거두지도 않고 곳간이나 창고도 없다. 그러나 하나님께서는 까마귀를 기르신다. 너희는 새보다 더 귀하지 않느냐? … 이런 것들은 모두 믿지 않는 사람들이 애써 구하는 것이다. 너희 아버지께서는 이 모든 것이 너희에게 있어야 할 것을 다 알고 계신다." 누가복음 12:22-24,30, 현대인의성경

하나님을 아버지라 부르는 그분의 자녀들은 의식주 때문에 불안해하지 않습니다. 의식주에 목숨을 걸지 않습니다. 하나님 아버지가 필요한 모든 것을 공급해 주실 것을 믿기 때문입니다.

명품 옷을 입기 위하여 애쓰는 사람들

세상 사람들은 명품 옷을 입고 싶어 합니다. 명품을 입음으로써 자신의 위치를 자랑하고 자신의 가치를 인정받고 싶어 합니다. 그러나 이렇게 행동하는 근본 원인은 그의 영이 죽어 있기 때문입니다. 그들은 영이신 하나님만이 채우실 수 있는 자리를 채우기 위해 발버둥치지만, 그 빈자리를 채우는 것은 사람의 노력으로는 도저히 불가능한 일입니다.

많은 사람들이 저를 찾아와서 옷을 잘 입고 싶은 자신만의 사연을 전합니다. 그들의 이야기를 듣고 있노라면 그들에게 진정 필요한 것은 외면의 스타일링이 아닌 내면의 스타일링임을 알 수 있습니다. 그들은 왜 옷을 잘 입고 싶어 하는지에 대한 근원적 이유를 찾지 못한 채 괴로워하고 공허해 했습니다.

물론 외면의 변화를 통해서도 마음의 위로 등 긍정적 효과를 경험할 수 있습니다. 하지만 그것이 근본 문제를 해결하는 것은 아닙니다. 좋은 스타일링이 잠시나마 마음을 위로해 주고 자존감을 불어넣어 줄 수는 있을지라도 그 빈자리를 채우지는 못합니다. 우리 마음의 빈자리는 오직 하나님 아버지만이 채워 주실 수 있습니다. 그분 안에 참된 의식주가 있습니다.

한때 저도 세상에서 제공하는 화려한 옷이 전부인 줄 알고 살았습니다. 그것이 제 마음을 만족시켜줄 수 있다고 생각했습니다. 하지만 그것은 실체가 아닌 그림자일 뿐이었습니다. 사람들은 웅장한 자연을 바라보면서 감탄합니다. 그렇다면 이토록 놀라운 세상을 창조하신 하나님은 얼마나 아름답고 빛나는 분이시겠습니까?

결국 세상 옷으로 미(美)를 만들어내는 일은 하나님의 그림자를 발견하는 행위일 뿐입니다. 우리는 그러한 행위를 통하여 창조주의 아름다움을 아주 조금 맛볼 뿐입니다. 멋진 스타일링을 통하여 빛의 예고편을 아주 조금 맛보는 것일 뿐입니다. 저는 예고편만 보다가 삶을 마감하는 인생들에게 실체가 되시는 하나님을 전하고 싶습니다. 그분을 만나면 더 이상 미에 대한 목마름이 사라진다는 사실을 알리고 싶습니다.

최상의 가치를 찾으면 더 이상 다른 것을 찾을 필요가 없듯 하나님이 입혀 주시는 옷을 입으면 더 이상 다른 옷을 찾지 않아도 됩니다. 그 옷이 가장 빛나고 아름답기 때문입니다.

혹시 아직까지도 옷에 연연하고 있지는 않습니까? 당신은 단편적인 위로가 아닌 당신의 영혼을 영원히 만족시키는 옷, 바로 그 참된 옷을 찾아야 합니다. 세상 옷에 마음을 **빼앗겨** 끌려다닐 것이 아니라 마음을 새롭게 함으로 영원한 옷을 찾아야 합니다.

화려한 옷을 입고 살아도

성경을 보면 이름 없는 한 부자의 이야기가 나옵니다. 부자는 고급스러운 자색 옷과 고운 베옷을 입고 매일 호화롭게 살았습니다. 지금으로 치면 온몸을 명품으로 휘감고 매일 파티를 즐기며 살았을 것 같습니다. 부자는 모든 목마름을 세상 것으로 채우며 살았기에 아무 부족함이 없었고 하나님도 필요치 않았습니다.

"한 부자가 있어 자색 옷과 고운 베옷을 입고 날마다 호화롭게 즐기더라." 누가복음 16:19

성경은 부자의 소개에 이어서 그와 아주 대조되는 삶을 사는 나사로라는 이름의 한 거지를 소개합니다.

"그런데 나사로라 이름하는 한 거지가 헌데 투성이로 그의 대문 앞에 버려진 채 그 부자의 상에서 떨어지는 것으로 배불리려 하매 심지어 개들이 와서 그 헌데를 핥더라." 누가복음 16:20-21

거지 나사로는 부자의 대문 앞에 버려진 채 구걸하면서 살았습니다. 하지만 '하나님이 도우시는 자'라는 그 이름의 뜻처럼 나사로는 하나님을 의지하며 살았습니다.

시간이 흘러 부자와 거지 나사로는 둘 다 죽음을 맞이했습니다. 죽음 이후, 두 사람은 어떻게 되었을까요?

"이에 그 거지가 죽어 천사들에게 받들려 아브라함의 품에 들어가고 부자도 죽어 장사되매 그가 음부에서 고통 중에 눈을 들어 멀리 아브라함과 그의 품에 있는 나사로를 보고." 누가복음 16:22-23

나사로는 천사들에게 받들려 아브라함의 품에서 안식했고 부자는 지옥에서 고통을 받았습니다. 세상에서의 삶과 완전히 뒤바뀐 모습으로 말입니다. 평소 하나님을 부르지도, 나사로를 돕지도 않은 부자는 지옥불의 고통 속에서 아브라함에게 이렇게 간청했습니다.

"아버지 아브라함이여 나를 긍휼히 여기사 나사로를 보내어

그 손가락 끝에 물을 찍어 내 혀를 서늘하게 하소서 내가 이 불
꽃 가운데서 괴로워하나이다." 누가복음 16:24

이에 아브라함은 부자에게 이렇게 대답했습니다.

"얘 너는 살았을 때에 좋은 것을 받았고 나사로는 고난을 받았
으니 이것을 기억하라 이제 그는 여기서 위로를 받고 너는 괴
로움을 받느니라 그뿐 아니라 너희와 우리 사이에 큰 구렁텅이
가 놓여 있어 여기서 너희에게 건너가고자 하되 갈 수 없고 거
기서 우리에게 건너올 수도 없게 하였느니라." 누가복음 16:25-26

부자는 세상에서 부러울 것이 하나도 없는 소위 성공한 사
람이었습니다. 하지만 그 부요함의 유통기한은 죽음까지였습니
다. 그 짧은 인생의 화려함은 죽음 이후에 겪어야 할 영원한 고
통과 비교할 수 없는 것이었습니다. 정작 부자는 이 땅에서 가
장 중요한 나라에 들어갈 준비를 하지 못했습니다. 그의 부요함
은 자신을 구원하지 못했습니다. 이처럼 그리스도로 옷 입지 못
한 사람, 하나님이 예비하신 예복을 입지 못한 사람은 결코 어
린양의 혼인잔치에 들어갈 수 없습니다. 천국 아니면 지옥으로
갈 수밖에 없습니다.

죽음이 사라진 시대

성경은 죽음 뒤에 있을 영혼과 몸의 부활이 실제라고 분명히 밝히고 있습니다. 이 땅에서 죽음을 맞이한 모든 사람은 하나님의 나라 백성이 되어 그분이 예비하신 나라에 들어가든지 지옥으로 가든지 둘 중 하나입니다.

안타깝게도 요즘 사람들은 죽음 이후에 대하여 깊이 생각하지 않습니다. 이 땅의 삶이 전부라고 믿기에 오늘 하루를 즐기며 사는 것이 목적이라고 말합니다. 고(故) 이어령 교수는 영화 "부활 그 증거"에서 현대인들은 '죽음이 죽어 버린 시대'를 살아가고 있다고 말하고 있습니다. 이는 너무나도 슬픈 일입니다. 죽음 뒤에 내가 어디로 가는지 알지 못하는 것보다 더 비극적인 것이 또 있을까요?

죽음에 대해 생각하지 않는 이상, 우리는 올바른 길로 갈 수 없습니다. 성경은 죽음 이후에 대하여 정확하게, 그리고 유일하게 설명하고 있는 책입니다. 예수 그리스도를 믿지 않고 십자가의 길을 통과하지 않은 사람은 모두 이 부자와 같이 지옥에서 영원히 고통 받게 될 것입니다. 그렇다면 지금 우리는 어떤 선택을 해야 하겠습니까?

"거기(지옥)에서는 구더기도 죽지 않고 불도 꺼지지 아니하느니라 사람마다 불로써 소금 치듯 함을 받으리라." 마가복음 9:48-49

지옥은 단순히 영혼만 들어가는 곳이 아닙니다. 몸도 부활하여 영혼육 모두가 들어가 영원히 고통 받는 곳입니다. 우리는 결코 지옥에 가는 삶을 택해서는 안 됩니다.

"하나님을 모르는 자들과 우리 주 예수의 복음에 복종하지 않는 자들에게 형벌을 내리시리니 이런 자들은 주의 얼굴과 그의 힘의 영광을 떠나 영원한 멸망의 형벌을 받으리로다." 데살로니가후서 1:8-9

다시 한번 강조합니다. 천국과 지옥은 결코 허구가 아닙니다. 이 땅에서 죽는다고 다 끝나는 것이 아닙니다. 죽으면 다 하늘나라에 가는 것도 아닙니다. 착하게 산다고 천국에 가는 것도 아닙니다. 사탄은 죽음 이후에 대하여 끊임없이 거짓으로 진리를 가리려고 하지만 그것에 속아 넘어가서는 안 됩니다. 구원의 문은 오직 예수 그리스도이며 다른 복음은 없습니다. 예수님 외에 다른 것을 믿어서는 안 됩니다. 저는 당신이 빛의 옷을 입고 우리에게 영원한 의식주를 제공해 주시는 하나님 아버지가 계신 천국에 가길 간절히 바랍니다.

"예수께서 이르시되 내가 곧 길이요 진리요 생명이니 나로 말미암지 않고는 아버지께로 올 자가 없느니라." 요한복음 14:6

세상에서 사는 동안, 좋은 옷을 입지 못해도 괜찮습니다. 그것으로 인하여 낙심할 필요가 전혀 없습니다. 우리에게 진정 중요한 것은 천국에 들어갈 예복을 입는 것입니다.

잊어버리거나 기억하거나

자신의 창조주를 잊어버리고 영이 죽은 채로 살아가는 사람, 예수 그리스도를 믿지 않아 예복을 입을 수 없는 사람, 그들의 죽음 뒤에는 반드시 지옥이 있습니다.

"악인들이 스올(지옥)로 돌아감이여 하나님을 잊어버린 모든 이방 나라들이 그리하리로다." 시편 9:17

지금 당신은 누구를 두려워하면서 살아가고 있습니까? 당신을 바라보는 사람들의 시선과 판단이 두렵습니까? 그래서 사람들의 눈치를 살피며 살아가고 있습니까? 당신이 진정으로 떨며 두려워해야 할 유일한 분은 천국과 지옥을 만드시고 우리를 심판하시는 분이어야 합니다. 우리를 생명 길로 인도하시고 그분의 나라로 초청해 주시는 분이어야 합니다. 그러니 부디 그분을 한순간도 잊지 마십시오. 하나님을 놓치지 않으면 그분의 사랑 안에 늘 거하게 될 것입니다.

"마땅히 두려워할 자를 내가 너희에게 보이리니 곧 죽인 후에 또한 지옥에 던져 넣는 권세 있는 그를 두려워하라 내가 참으로 너희에게 이르노니 그를 두려워하라." 누가복음 12:5

양이거나 염소이거나

심판 날에 우리의 목자 되시는 예수님(시편 23:1)은 양과 염소를 구분하듯 의인과 악인을 구분하셔서 양은 천국으로, 염소는 지옥으로 보내실 것입니다.

"인자가 자기 영광으로 모든 천사와 함께 올 때에 자기 영광의 보좌에 앉으리니 모든 민족을 그 앞에 모으고 각각 구분하기를 목자가 양과 염소를 구분하는 것 같이 하여 양은 그 오른편에 염소는 왼편에 두리라." 마태복음 25:31-33

예수님은 그분이 기르시는 양을 아시고 양 또한 목자의 음성을 압니다(요한복음 10:27). 다음에 나오는 말씀처럼 예수님의 양은 지극히 작은 한 사람에게 사랑과 자비를 베풀고 자신을 겸손히 낮추는 사람입니다.

"그 때에 임금이 그 오른편에 있는 자들에게 이르시되 내 아버

지께 복 받을 자들이여 나아와 창세로부터 너희를 위하여 예비
된 나라를 상속받으라 내가 주릴 때에 너희가 먹을 것을 주었
고 목마를 때에 마시게 하였고 나그네 되었을 때에 영접하였고
헐벗었을 때에 옷을 입혔고 병들었을 때에 돌보았고 옥에 갇혔
을 때에 와서 보았느니라

이에 의인들이 대답하여 이르되 주여 우리가 어느 때에 주께서
주리신 것을 보고 음식을 대접하였으며 목마르신 것을 보고 마
시게 하였나이까 어느 때에 나그네 되신 것을 보고 영접하였으
며 헐벗으신 것을 보고 옷 입혔나이까 어느 때에 병드신 것이
나 옥에 갇히신 것을 보고 가서 뵈었나이까 하리니 임금이 대
답하여 이르시되 내가 진실로 너희에게 이르노니 너희가 여기
내 형제 중에 지극히 작은 자 하나에게 한 것이 곧 내게 한 것
이니라 하시고." 마태복음 25:34-40

반면, 염소와 같은 악인은 오직 자기 자신만을 사랑합니다
(디모데후서 3:2). 지극히 작은 이들을 짓밟고 외면합니다. 참 사랑을
만나지 못한 그들의 인생에 긍휼이란 없습니다.

"또 왼편에 있는 자들에게 이르시되 저주를 받은 자들아 나를
떠나 마귀와 그 사자들을 위하여 예비 된 영원한 불에 들어가
라 내가 주릴 때에 너희가 먹을 것을 주지 아니하였고 목마를
때에 마시게 하지 아니하였고 나그네 되었을 때에 영접하지 아

니하였고 헐벗었을 때에 옷 입히지 아니하였고 병들었을 때와 옥에 갇혔을 때에 돌보지 아니하였느니라 하시니 그들도 대답하여 이르되 주여 우리가 어느 때에 주께서 주리신 것이나 목마르신 것이나 나그네 되신 것이나 헐벗으신 것이나 병드신 것이나 옥에 갇히신 것을 보고 공양하지 아니하더이까

이에 임금이 대답하여 이르시되 내가 진실로 너희에게 이르노니 이 지극히 작은 자 하나에게 하지 아니한 것이 곧 내게 하지 아니한 것이니라 하시리니 그들은 영벌에, 의인들은 영생에 들어가리라 하시니라." 마태복음 25:41-46

지금 당신은 당신 삶의 목자가 누구인지, 그리고 당신은 양인지 염소인지 점검해 볼 필요가 있습니다. 당신 삶을 감찰하시고 그 마음을 꿰뚫어 보시는 예수님께서 다시 오시는 날에 당신이 행한 대로 심판하실 것이기 때문입니다.

하나님이 성경에서 옷을 비유로 많이 말씀하신 이유는 옷이 우리의 정체성과 마음가짐을 잘 나타내기 때문입니다. 염소의 옷을 정체성으로 입고 있는 사람은 결국 영벌의 옷을 입을 것입니다. 양의 옷을 정체성으로 입고 있는 사람은 마침내 영생의 옷을 입을 것입니다. 세상 사람들이 내가 입은 옷을 보고 나를 평가하듯, 예수님은 우리가 어떤 옷을 입고 있느냐에 따라 우리를 심판하실 것입니다.

부자의 삶 아니면 거지 나사로의 삶

명품 옷, 좋은 차, 큰 집, 지식, 명예를 다 가졌을지라도 의의 옷을 입고 있지 않다면 그는 가장 불행한 사람입니다. 반면, 값비싼 명품 옷은 없을지라도 예수 그리스도로 옷 입고 있다면 그는 가장 부유한 사람입니다. 믿음의 성도는 아무것도 가지지 않은 자 같으나 모든 것을 가진 자입니다.

> "근심하는 자 같으나 항상 기뻐하고 가난한 자 같으나 많은 사람을 부요하게 하고 아무것도 없는 자 같으나 모든 것을 가진 자로다." 고린도후서 6:10

저는 믿음의 부모님 밑에서 태어나 자연스럽게 교회에 다니기 시작했지만 그분을 인격적으로 만나기까지는 30년 넘게 걸렸습니다. 돌아보면 그 긴 시간 동안, 하나님은 저를 한 번도 포기하지 않으셨습니다. 그분은 창세전부터 저를 택하셔서 복음으로 변화시켜 나가셨습니다. 이제 저는 제가 왜 태어났는지, 왜 사는지, 어디를 향해 가고 있는지 확실히 압니다. 그런데 복음을 듣지 못한 사람들은 자신이 왜 태어났는지, 왜 사는지, 어디로 가고 있는지 알지 못한 채 살아갑니다. 지옥의 실체를 알지 못하여 죽음 이후에 있을 영원한 삶도 준비하지 못한 채 살아갑니다.

그렇다면 지금 누군가는 하나님을 알고 누군가는 모른다는 것이 하나님이 불공평한 분이셔서 그런 것일까요? 전혀 그렇지 않습니다. 하나님은 우리 모두를 구원하시기 위하여 예수님을 이 땅에 보내셨습니다. 그분은 모두가 구원 받기를 원하십니다. 악인이 고통 받는 것도, 멸망하는 것도 기뻐하지 않으십니다. 악인이 그 길을 떠나 회개하기를 간절히 원하십니다. 오늘도 사랑의 하나님은 그들을 오래 참으사 어서 돌아오기를 기다리고 계십니다.

> "주 여호와의 말씀이니라 내가 어찌 악인이 죽는 것을 조금인들 기뻐하랴 그가 돌이켜 그 길에서 떠나 사는 것을 어찌 기뻐하지 아니하겠느냐." 에스겔 18:23
> "…오직 주께서는 너희를 대하여 오래 참으사 아무도 멸망하지 아니하고 다 회개하기에 이르기를 원하시느니라." 베드로후서 3:9

우리는 쾌락 가운데 빠져 살다가 지옥에 간 부자처럼 살아서는 안 됩니다. 하나님을 안다고 말하면서 하나님 없는 삶을 살아서는 안 됩니다. 만약 그렇다면 어서 회개하고 그 길에서 돌이켜야 합니다. 또한 구원의 주님을 진정으로 만났다면 십자가의 복음을 전해야 합니다.

어느 누구도 주어진 이생의 삶이 언제 끝날지 모릅니다. 그래서 오늘이라는 시간에 십자가의 복음을 들었다는 것은 하나님의 거룩한 초대입니다. 그 초대에 응하여 예수 그리스도를 구주로 영접하는 사람은 하나님께서 생명책에 기록하신 사람입니다. 그 초대가 빠르거나 느린 것은 상관없습니다. 오직 믿기만 하면 됩니다.

생명을 내어주신 사랑

하나님께서 부, 명예, 시간, 건강, 재능 등을 우리에게 허락하신 이유는, 먼저 우리가 하나님이 주신 모든 것으로 만족하고 누리길 원하시기 때문입니다. 그러나 성도는 여기서 끝나지 않고 아직 복음을 듣지 못한 사람들을 위하여 그것들을 사용하며 살아갑니다. 그것은 하나님을 섬기는 이들에게서 나오는 자연스러운 반응입니다. 그렇지 않고 내 배만 채운다면 예수님을 진정으로 믿는 것이 아닙니다. 우리에게 주신 모든 것이 다 하나님의 것이며 우리는 그것을 잘 맡아 관리해야 하는 선한 청지기입니다(베드로전서 4:10).

안타깝게도 지금 이 세대는 오직 자신만을 위한 화려한 채색 옷을 입고 있습니다. 자기 자신을 사랑하고 자랑하기에 바쁩니다. 모든 것이 자기 위주여야 합니다. 어려운 이웃에게 관심이 없습니다. 그들의 극심한 개인주의와 교만은 이웃 사랑을 귀찮음으로 치부해버리고 맙니다. 앞에서 나누었던 부자와 염소처럼 말입니다.

그러나 참 성도라면 그렇게 해서는 안 되며 그렇게 할 수도 없습니다. 나를 살리시기 위하여 자기 목숨을 내어주신 예수님의 사랑을 진정으로 깨달은 사람은 그 자신도 생명을 내어주는 사랑을 합니다. 그분의 사랑에 힘입어 살아가기 때문입니다.

예수님은 우리에게 새 계명을 주셨습니다. 그것은 예수님이 우리를 사랑하신 것처럼 우리가 서로 사랑하는 것입니다. 사랑을 잃어버린 이 세대가 예수님의 사랑으로 다시 일어나기를 간절히 소망합니다.

"새 계명을 너희에게 주노니 서로 사랑하라 내가 너희를 사랑한 것 같이 너희도 서로 사랑하라." 요한복음 13:34

이웃을 사랑하고 선을 행하십시오. 하나님은 우리가 행한 아주 사소한 것 하나까지도 잊지 않고 보상해 주실 것입니다. 그러니 선을 행하다가 낙심하지 마십시오. 포기하지도 마십시오. 그러면 하나님의 때에 반드시 열매를 거두게 될 것입니다.

"우리가 선을 행하되 낙심하지 말지니 포기하지 아니하면 때가 이르매 거두리라." 갈라디아서 6:9

한때는 저도 세상에서 성공하는 것이 최고인 줄 알고 살았습니다. 하지만 이제는 압니다. 그 모든 것이 제게 해롭고 마치 배설물과 같은 것임을 말입니다.

> "또한 모든 것을 해로 여김은 내 주 그리스도 예수를 아는 지식이 가장 고상하기 때문이라 내가 그를 위하여 모든 것을 잃어버리고 배설물로 여김은 그리스도를 얻고." 빌립보서 3:8

예수님 없는 성공의 옷이 주는 것은 결국 지옥으로 가는 티켓입니다. 우리는 이제 더 이상 유통기한이 있는 명품 옷과 성공에 사로잡혀 지옥으로 가는 인생을 살아서는 안 됩니다. 저는 진심으로 세상의 명품이 아닌 하늘나라에 들어가는 거룩한 옷을 입고 싶습니다. 이를 위하여 가지고 있는 모든 옷을 빼앗겨도 좋습니다. 허름한 옷만 입어야 한다 해도 괜찮습니다. 다만, 의의 옷은 절대로 빼앗길 수 없습니다. 어떤 피조물도 그 옷을 빼앗아 갈 수 없습니다.

"만일 네 눈이 너를 범죄하게 하거든 빼어 내버리라 한 눈으로 영생에 들어가는 것이 두 눈을 가지고 지옥 불에 던져지는 것보다 나으니라."

마태복음 18:9

chapter 27

결코 낡지 않는 옷이 있습니다

멋진 옷을 입었을 때에 느끼는 만족과 희열은 영원하지 않고 이내 사라져 버리고 맙니다. 그토록 잘 팔리던 옷도 금세 유행이 지나가 버리고, 방금 산 새 옷도 세탁기에 한 번만 돌리면 더 이상 새 것처럼 보이지 않습니다. 옷은 결국 모두 낡습니다. 이것이 세상 옷이 가진 한계입니다.

평소 좋아하던 옷인데 어느새 해어진 것을 발견하면 속상합니다. 옷뿐 아니라 나이 드는 얼굴, 망가지는 체형 등 쇠하여 가는 내 자신을 볼 때도 그렇습니다. 사망의 옷을 입은 유한한 존재인 사람은 늙는 것이 무섭고 죽는 것이 두렵습니다. 그래서 본능적으로 무한하고 영원한 것을 목말라하고 평생 그것을 찾아 헤맵니다. 본래 하나로 이어져 있던 영원하신 하나님을 세상에서 찾는 것입니다. 이것은 본능적인 끌림입니다. 하나님께서 사람에게 영원을 사모하는 마음을 주셨기 때문입니다.

"하나님이 모든 것을 지으시되 때를 따라 아름답게 하셨고 또 사람들에게는 영원을 사모하는 마음을 주셨느니라." 전도서 3:11

영원을 찾아가는 출발점

지금 우리가 입고 있는 육신의 브랜드 명은 '사망'입니다. 죄로 말미암아 사망이 모든 사람에게 이르렀기 때문입니다. 꽃도 시들고 나무도 시들고 우리도 언젠가 죽어 흙으로 돌아갈 것입니다. 그래서 영원을 찾아가는 우리의 출발점은 "나는 언젠가 썩어질 비참한 존재이구나"라고 인정하는 것에서부터 시작되어야 합니다.

> "그러므로 한 사람으로 말미암아 죄가 세상에 들어오고 죄로 말미암아 사망이 들어왔나니 이와 같이 모든 사람이 죄를 지었으므로 사망이 모든 사람에게 이르렀느니라." 로마서 5:12

그런데 사망의 옷을 입고 있는 비참한 존재인 우리에게 아주 기쁜 소식이 하나 있습니다. 그것은 예수 그리스도 안에 있는 사람은 영원한 생명, 즉 영생을 얻는다는 것입니다. 그리스어로 이 생명을 뜻하는 말은 '조에'(zoe)입니다. 이에 대해서는 잠시 후에 더 자세히 나누겠습니다.

누구든지 예수님을 하나님의 아들이라 시인하면 하나님이 그 안에 거하시고 그도 하나님 안에 거하게 됩니다. 사망이 떠나가고 생명의 본체인 '조에'의 옷이 입혀집니다. 그 옷에는 사망을 이기는 능력이 있습니다.

"누구든지 예수를 하나님의 아들이라 시인하면 하나님이 그의 안에 거하시고 그도 하나님 안에 거하느니라." 요한일서 4:15

프쉬케에서 조에의 생명으로

"아들이 있는 자에게는 '생명'이 있고 하나님의 아들이 없는 자에게는 '생명'이 없느니라." 요한일서 5:12

이 말씀에서 나오는 '생명'은 유한한 생명이 아닙니다. '유한한 생명'은 우리가 11장에서 이미 나눈 '프쉬케', 즉 언젠가 죽음이 예비 되어 있는 생명입니다. 그렇다면 여기에 나오는 생명은 무엇을 가리키는 것일까요? 바로 영원한 생명인 '조에'(ζωή)를 가리킵니다. 영어 'joy'(조이, 기쁨)와도 발음이 비슷합니다. 맞습니다. 영생이 아니면 그 무엇이 기쁘겠습니까!

'조에'의 뜻은 '영생, 부활의 생명, 새 생명, 죽음을 벗어난 사람의 생명, 썩지 않는 생명, 부활의 몸'입니다. 그래서 "아들이 있는 자에게는 생명이 있다"는 말씀은 유한한 목숨을 가진 프쉬케의 생명이 영원한 생명인 조에의 생명으로 완전히 갱신되어 영원히 썩지 않는 몸(고린도전서 15:54)을 선물로 받는다는 것을 의미합니다.

우리가 낡지 않고 영원히 빛나는 옷을 입을 수 있는 열쇠는 바로 '아들을 소유하는 것'입니다. 아들이 있는 자는 새 생명의 옷인 '조에'의 옷을 선물로 받습니다. 그 아들은 바로 우리 주 예수 그리스도이십니다. 이 땅에 육으로 오셔서 영으로 다시 사시고 '조에'의 몸으로 부활하신 예수님과 연합한 사람은 영생의 옷을 받아 부활하는 사람의 몸인 '조에'의 생명을 얻습니다. 다음 말씀은 영생이 예수님께 있음을 확증해 줍니다.

> "아들을 믿는 자에게는 영생(조에)이 있고 아들에게 순종하지 아니하는 자는 영생(조에)을 보지 못하고 도리어 하나님의 진노가 그 위에 머물러 있느니라." 요한복음 3:36
>
> "죄의 삯은 사망이요 하나님의 은사는 그리스도 예수 우리 주 안에 있는 영생(조에)이니라." 로마서 6:23
>
> "또 증거는 이것이니 하나님이 우리에게 영생(조에)을 주신 것과 이 생명이 그의 아들 안에 있는 그것이니라." 요한일서 5:11

예수님을 믿고 순종하는 자에게는 영원한 생명(조에)이 있고 그분을 믿지 않고 순종하지 않는 자에게는 영원한 사망이 있습니다. 우리는 썩어질 몸의 옷을 벗고 영원한 생명의 옷을 입기 위하여 예수 그리스도로 옷 입어야 합니다.

예수님의 부활과 승천을 직접 목격한 그분의 제자들은 이후 목숨을 걸고 복음을 전했습니다. 오늘날까지 얼마나 많은 주의 성도들이 복음을 전하다가 순교했는지 모릅니다. 그들은 참 생명을 만났기에 주를 위하여 자신의 생명을 기쁘게 드릴 수 있었습니다. 사실 저는 죽는 것이 두려운 사람이었습니다. 그러나 예수님을 나의 구원자로 믿은 후로 그 두려움이 사라졌습니다. 육신의 죽음은 영생으로 들어가는 하나의 문일 뿐이었습니다.

제가 소유한 옷이 '프쉬케'가 아닌 '조에'의 생명이라는 사실이 제 심장을 다시 뛰게 하고 새로운 삶을 시작하도록 해 주었습니다. 당신에게도 이와 같은 '조에'의 기쁨이 넘치기를 소망합니다.

"내가 진실로 진실로 너희에게 이르노니 인자의 살을 먹지 아니하고 인자의 피를 마시지 아니하면 너희 속에 생명(조에)이 없느니라 내 살을 먹고 내 피를 마시는 자는 영생(조에)을 가졌고 마지막 날에 내가 그를 다시 살리리니 내 살은 참된 양식이요 내 피는 참된 음료로다 내 살을 먹고 내 피를 마시는 자는 내 안에 거하고 나도 그의 안에 거하나니 살아계신 아버지께서 나를 보내시매 내가 아버지로 말미암아 사는 것 같이 나를 먹는 그 사람도 나로 말미암아 살리라 이것은 하늘로서 내려온 떡이니 조상들이 먹고도 죽은 그것과 같지 아니하여 이 떡을 먹는 자는 영원히 살리라." 요한복음 6:53-58

chapter 28

신부는 웨딩드레스를 빼앗기지 않습니다

"여호와께서 행하신 일로 너가 크게 기뻐하고 내 영혼이 즐거워하는구나 그가 나에게 구원의 옷을 입히시고(라바쉬, 217쪽 참고) 의의 겉옷을 걸쳐 주시니 결혼식을 위해 단장한 신랑 신부처럼 되었구나." 이사야 61:10, 현대인의성경

브렌트 밀러 주니어(Brent Miller Jr.) 감독이 제작한 "가나의 혼인잔치:언약"(2020년, Before The Wrath:그 진노 전에)이라는 영화가 있습니다. 이스라엘 갈릴리 지방의 독특한 결혼 풍습에 감추어진 다시 오실 예수님의 재림 사건을 다루는 다큐멘터리입니다. 이 영화는 예수님이 다시 오실 것을 알고 있으나 왜 오시는지에 대하여 잘 모르는 그리스도인들에게 참된 신앙과 소망, 그리고 하나님의 언약을 일깨워 줍니다.

저도 영화를 보고 큰 감명을 받아 지금부터 그 내용을 전하려 합니다. 신랑 되신 예수님의 마음이 당신에게도 뜨겁게 전해지기를 바랍니다.

신랑과 신부의 언약

성경이 기록된 당시의 문화와 풍습을 알면 하나님의 말씀을 더 잘 이해할 수 있습니다. 예수님도 제자들을 가르치실 때에 그들이 잘 알고 있는 지방, 특히 갈릴리의 문화와 풍습 등을 예로 들어 이해하기 쉽게 설명해 주셨습니다.

이스라엘 갈릴리 지방은 성경에서 굉장히 중요한 장소입니다. 예수님이 그곳에서 생활하셨고 그분의 제자들도 그곳 출신입니다. 뿐만 아니라 복음서(마태복음, 마가복음, 누가복음, 요한복음)의 내용 3분의 2가 그곳을 배경으로 하고 있습니다. 특별히, 우리는 그곳의 결혼 문화와 풍습에 대하여 자세히 알아볼 것입니다. 그 속에 담긴 의미, 즉 신랑으로 다시 오실 예수님에 대해서 말입니다.

성경은 예수님과 우리의 관계를 '신랑과 신부의 관계'라고 표현하고 있습니다. 사랑하는 두 사람이 하는 결혼은 유한한 기간이 아닌 무한한 기간인 영원을 기초로 서로 간에 '언약'하는 것입니다. 그 언약은 끊을 수 없는 것으로 묶입니다. 약속이라는 단어를 한자로 보아도 '묶을 약'(約), '묶을 속'(束), 즉 묶이는 것입니다. 성경에서도 하나님이 짝지어 주신 것을 사람이 나눌 수 없다고 말합니다.

"그런즉 이제 둘이 아니요 한 몸이니 그러므로 하나님이 짝지

어 주신 것을 사람이 나누지 못할지니라 하시니." ^{마태복음 19:6}

하나님은 결혼을 통하여 최초의 공동체인 가정을 세우시고 여기에 예수 그리스도와 신부의 비밀을 심어 놓으셨습니다. 하나님이 짝지어 주신 것을 사람이 나눌 수 없듯 그 어떤 피조물도 신랑 되시는 예수님과 한 몸 된 우리를 나눌 수 없습니다.

정혼을 위한 준비

유대인의 결혼은 크게 정혼(약혼식, 키두신:Kiddushin)과 결혼(결혼식, 니수인:Nisu'in)으로 나뉩니다. 그들은 정혼 없이 결혼하지 않습니다. 먼저 약혼을 하고 일정 기간이 지난 뒤에 결혼식을 올립니다. 하지만 여기서 말하는 약혼은 저희가 생각하는 것과 다릅니다. 이스라엘에서 정혼은 법적으로 결혼과 동일한 언약입니다. 먼저, 신랑 측은 정혼을 위하여 다음 세 가지를 준비합니다.

지참금

신랑의 아버지는 정혼을 위하여 신부와 그녀의 가족에게 지참금(모하르: mohar)을 지불해야 합니다. 이는 추후에 신랑에게 사고가 날 경우를 대비하는 보험과 같은 자금입니다. 고대에도 형편에 따라 돈이나 재물을 신부 측에 지불하도록 요구하는 관습이 있었습니다. 이를 결혼의 안전성을 지키는 방패로 여긴 것입니다. 이때 지참금의 비용은 신부를 사랑하는 만큼에 비례하여 지불하는데 신부의 아버지와 협상하여 정합니다. 하나님도 우리와 연합하시기 위하여 예수님의 피 값으로 지참금을 지불하셨습니다. 그분의 피로 우리를 완전히 사셨습니다. 이보다 더 큰 지참금은 없습니다.

> "너희는 너희 자신의 것이 아니라 값으로 산 것이 되었으니 그
> 런즉 너희 몸으로 하나님께 영광을 돌리라." 고린도전서 6:19-20

약혼 증서

신랑은 랍비에게 가서 약혼 증서(언약서)를 받아야 합니다. 그것은 '카투바'(Ketubah)라고 하는 공식 문서입니다. 이 증서가 약혼에 대한 보증이 되어 줍니다. 하나님은 예수님의 피 값으로 지참금을 지불해 주시고 그 보증으로 우리에게 성령을 주셨습니다. 우리 안에 계신 성령 하나님은 가장 완전한 보증이 되어 주십니다. 우리는 성령님을 힘입어 하나님을 아빠 아버지라고 부를 수 있습니다.

"그가 또한 우리에게 인치시고 보증으로 우리 마음에 성령을 주셨느니라." 고린도후서 1:22

포도주

신랑은 신부 측에 포도즙이나 포도주(약혼의 잔: a betrothal cup)를 가져가야 합니다. 이는 프로포즈처럼 아주 중요한 행위입니다. 여기서 포도주는 예수 그리스도의 보혈을 의미합니다. 우리는 믿음으로 신랑 되신 예수님께서 흘리신 피를 마심으로써 그분과 연합하게 됩니다.

"내 피를 마시는 자는 내 안에 거하고 나도 그의 안에 거하나니." 요한복음 6:56

사망에서 생명으로

지참금을 완전히 지불한 신랑의 아버지는 신부를 부릅니다. 하나님께서 예수님을 통하여 구원의 길을 열어 우리를 부르신 것처럼 말입니다.

우리의 구원은 하나님 아버지께서 친히 준비해 주신 것입니다. 우리는 예수님을 주로 고백하고 하나님께서 예수님을 죽은 자 가운데서 살리신 것을 마음으로 믿어야 구원을 받습니다. 이 또한 하나님의 택하심이고 은혜입니다. 구원은 우리에게서 난 것이 아니라 하나님의 선물입니다.

> "네가 만일 네 입으로 예수를 주로 시인하며 또 하나님께서 그를 죽은 자 가운데서 살리신 것을 네 마음에 믿으면 구원을 받으리라 사람이 마음으로 믿어 의에 이르고 입으로 시인하여 구원에 이르느니라." 로마서 10:10

생명이신 예수님이 지참금과 약혼 증서, 그리고 포도주를 가지고 사망인 우리에게 친히 오셔서 우리를 그분의 신부로 영원히 묶으셨습니다. 이 사실은 우리의 구원이 얼마나 안전하고 영원한가를 깨닫게 해 줍니다.

> "하나님은 우리가 자기 앞에서 거룩하고 흠이 없게 하시려고 세상을 창조하시기 전에 그리스도 안에서 우리를 선택하셨습니다. 그리고 우리를 사랑하셨기 때문에 하나님은 예수 그리스도를 통하여 그분의 기뻐하시는 뜻을 따라 우리를 자기 자녀로 예정하셨습니다." 에베소서 1:4-5, 현대인의성경

포도주, 언약의 피

마을 어귀에 신랑과 신부, 양측의 아버지, 그리고 증인이 되어 줄 동네사람들이 모두 모이면 신랑은 준비해 온 포도주로 프로포즈를 시작합니다.

신랑은 정혼이 성립되었음을 공표하기 위하여 포도주를 특별한 잔에 담아 신부와 함께 나눠 마십니다. 이때 신부가 건네받은 포도주 잔을 밀어내면 정혼은 성사되지 않고, 포도주 잔을 받아 마시면 정혼이 성사되어 그녀는 법적으로 신랑의 것이 됩니다. 신랑은 잔을 마신 후, 큰 소리로 이렇게 선포합니다. 이 선포는 순결과 언약에 대한 것을 보증합니다.

"당신은 모세의 율법에 따라 선별되었소. 내 아버지의 집에서 당신과 새 포도주를 마시기 전까지 이 잔에 든 것을 마시지 않겠소!"

우리도 그리스도의 피로 이루어진 새 언약을 통하여 죄와 사망의 법에서 해방되어 생명의 법이신 하나님의 말씀, 즉 예수 그리스도와 한 몸이 되었습니다.

"이것은 많은 사람을 위하여 흘리는 나의 피 곧 언약의 피니라." 마가복음 14:24

예수님은 십자가에 달리시기 전에 유월절 만찬 자리에서 사랑하는 제자들에게 포도주를 주시며 이렇게 선포하셨습니다.

"진실로 너희에게 이르노니 내가 포도나무에서 난 것을 하나님 나라에서 새 것으로 마시는 날까지 다시 마시지 아니하리라." 마가복음 14:25

놀랍게도 이 선포는 신랑의 선포와 같습니다. 이 선포는 예수님이 이 땅에 다시 오셔서 그분의 신부를 맞아 혼인잔치에 들어가실 때까지 포도주를 마시지 않겠다는 예언이었습니다.

이스라엘의 혼인잔치에는 포도주가 반드시 필요합니다. 포도주 없는 혼인잔치는 하객에 대한 예의가 아니었습니다. 다음은 예수님이 갈릴리 가나에서 열린 혼인잔치에 참석하셨을 때에 일어난 일입니다.

"사흘째 되던 날 갈릴리 가나에 혼례가 있어 예수의 어머니도 거기 계시고 예수와 그 제자들도 혼례에 청함을 받았더니 포도주가 떨어진지라 예수의 어머니가 예수에게 이르되 저들에게 포도주가 없다 하니 … 예수께서 그들에게 이르시되 항아리에 물을 채우라 하신즉 아귀까지 채우니 이제는 떠서 연회장에게 갖다 주라 하시매 갖다 주었더니 연회장은 물로 된 포도주를 맛보고도 어디서 났는지 알지 못하되 물 떠온 하인들은 알더라

연회장이 신랑을 불러 말하되 사람마다 먼저 좋은 포도주를 내고 취한 후에 낮은 것을 내거늘 그대는 지금까지 좋은 포도주를 두었도다 하니라 예수께서 이 첫 표적을 갈릴리 가나에서 행하여 그의 영광을 나타내시매 제자들이 그를 믿으니라." 요한복음 2:1-3, 7-11

예수님은 물을 포도주로 바꾸셔서 잔치의 즐거움이 계속 이어지도록 하셨습니다. 갈릴리 가나의 혼인잔치에서 일어난 이 사건은 예수님이 이 땅에서 보이신 수많은 기적들 가운데 가장 첫 번째 기적입니다.

혼인잔치에서 포도주가 떨어졌다는 것은 예수의 피 없이는 혼인잔치를 할 수 없는 결핍의 상태를 의미합니다. 그러나 예수님은 그분의 보배로운 피로 혼인잔치의 길을 열어 놓으셨습니다. 예수님의 보배로운 피를 마신 성도는 물이 포도주로 바뀐 것처럼 썩을 몸이 썩지 않을 새 몸으로 부활하여 예수님의 혼인잔치에 참여하게 될 것입니다. 그때 예수님은 약속하신 새 포도주를 마실 것입니다.

십자가의 죽음과 부활을 통하여 예수님과 우리의 정혼이 성립되듯 이스라엘의 결혼문화에서도 신랑과 신부가 포도주를 나누어 마시는 과정을 통하여 정혼이 성립됩니다. 그때 신부의 아버지는 나팔(shofar)을 불어 약혼이 성립되었음을 선포합니다. 이제 신부는 영원히 신랑의 것이 됩니다.

결혼을 위한 준비

정혼식 이후, 신부는 결혼식을 위해 필요한 모든 것을 심혈을 기울여 준비합니다. 그중 피로연 때 입을 웨딩드레스를 준비하는 과정이 제일 고되고 힘이 듭니다. 만약 마을에 시장이 없다면 보부상이 오기까지 기다렸다가 재료를 구해야 했는데 그 과정이 매우 까다롭고 비용도 많이 들었습니다. 우리가 죄로 가득한 이 땅에서 거룩하게 살아가는 것이 쉽지 않은 것처럼 말입니다.

신랑은 신부에게 곧 데리러 올 것을 약속하고 아버지의 집으로 돌아가 집을 증축합니다. 신부를 맞이할 신혼집을 짓는 것입니다. 신랑은 집을 지으면서 사랑하는 신부를 그리워합니다. 이처럼 우리에게는 우리를 위하여 거처를 예비하러 가신 신랑 되신 예수님이 계십니다. 우리는 그분이 다시 오실 때까지 거룩하고 순결한 삶을 살아야 합니다.

"내 아버지 집에 거할 곳이 많도다 그렇지 않으면 너희에게 일렀으리라 내가 너희를 위하여 거처를 예비하러 가노니 가서 너희를 위하여 거처를 예비하면 내가 다시 와서 너희를 내게로 영접하여 나 있는 곳에 너희도 있게 하리라." 요한복음 14:2-3

우리는 예수님의 것입니다! 그래서 더 이상 세상 것에 집착

할 수 없고 우상을 섬기고 사랑할 수 없습니다. 우리가 사는 이 세상은 임시 처소일 뿐입니다. 우리의 영원하고 아름다운 집은 하늘에 있습니다. 우리는 예수님이 예비하신 그곳에서 영원히 살 것입니다.

신랑이 처소를 준비하는 시간은 1년 정도 걸립니다. 그래서 신부는 결혼식날을 대략 짐작할 수 있었습니다. 그러나 정확한 일시는 오직 신랑의 아버지만 알았기에 신부는 언제 올지 모르는 신랑을 맞이하기 위해 늘 깨어 준비하고 있어야 했습니다. 웨딩드레스를 머리맡에 두고 자거나 심지어 매일 입고 자기도 했습니다.

신랑은 신부 측에서 언제 오냐고 물으면 "오직 나의 아버지만 아십니다"라고 말했습니다. 우리와 정혼하신 예수님도 이와 똑같이 말씀하셨습니다.

"그러나 그 날과 그 때는 아무도 모르나니 하늘의 천사들도, 아들도 모르고 오직 아버지만 아시느니라." 마태복음 24:36

예수님이 이 땅에 다시 오시는 그 날과 그 때는 아무도 모르고 오직 하나님만 알고 계십니다. 그러나 예수님의 신부는 그분이 다시 오셨을 때, "왜 하필 지금 오셨어요", "갑자기 오셔서 놀랐잖아요"와 같이 반응하지 않을 것입니다. 신랑되신 예수님을 정말 기다렸다면 그렇게 대답할 수 없습니다. 다시 오실 예수님

을 늘 깨어 기다렸기 때문입니다. 어둠에 속하지 않은 빛의 자
녀이기 때문입니다.

> "형제들아 너희는 어둠에 있지 아니하매 그 날이 도둑 같이 너
> 희에게 임하지 못하리니 너희는 다 빛의 아들이요 낮의 아들이
> 라 우리가 밤이나 어둠에 속하지 아니하나니 그러므로 우리는
> 다른 이들과 같이 자지 말고 오직 깨어 정신을 차릴지라." 데살로
> 니가전서 5:4-6

예수님이 다시 오실 그날은 도둑 같이 우리에게 임하지 못할
것입니다. 우리는 진리의 말씀을 통하여 그날을 생각하며 살아
가야 하지만 그보다 중요한 것은 신랑 되신 예수님이 왜 우리를
데리러 오시는지를 아는 것입니다. 그 이유는 예수님이 그분과
연합된 우리를 사랑하시기 때문입니다. 우리에게 하신 그분의
사랑의 언약을 지키시기 위함입니다.

> "너희는 마음에 근심하지 말라 하나님을 믿으니 또 나를 믿으
> 라 내 아버지 집에 거할 곳이 많도다 그렇지 않으면 너희에게
> 일렀으리라 내가 너희를 위하여 거처를 예비하러 가노니 가서
> 너희를 위하여 거처를 예비하면 내가 다시 와서 너희를 내게로
> 영접하여 나 있는 곳에 너희도 있게 하리라 내가 어디로 가는
> 지 그 길을 너희가 아느니라." 요한복음 14:1-4

신부를 데려오라

신부를 맞이할 준비를 마친 신랑은 아버지의 입에서 신부를 데려오라는 명령이 떨어지기만을 기다립니다. 그러다 마침내 때가 되면 신랑의 아버지는 모두가 잠든 어둔 밤이나 깊은 새벽에 아들을 흔들어 깨워 엄중하게 말합니다.

"아들아, 가서 네 신부를 데려오라!"

아들은 그 말을 듣자마자 벌떡 일어나 신부를 맞는다는 신호로 나팔을 붑니다. 정혼식 때에 부는 나팔과 별개로 이것은 '마지막 나팔'이라고 불립니다. 신랑은 친구들과 함께 그녀의 집까지 나팔을 불고 가면서 온 동네사람들을 깨웁니다.

신랑 되신 예수님이 신부를 데리러 오시는 사건 또한 하나님 아버지의 마지막 나팔 소리와 함께 이루어질 것입니다. 우리는 이를 '휴거'라고 말합니다. 한문으로 이끌 휴(携), 들 거(擧)입니다. 이 말은 성경에 직접적으로 나오지는 않으나 다음 데살로니가전서 말씀에서 '끌어 올려'에 해당하는 '하르파조'(ἁρπάζω)를 휴거라는 한자로 풀이한 것입니다. 즉, 휴거의 뜻은 '끌어서 들어올리다'입니다.

"주께서 호령과 천사장의 소리와 하나님의 나팔 소리로 친히 하늘로부터 강림하시리니 그리스도 안에서 '죽은 자들이 먼저 일어나고' 그 후에 우리 살아남은 자들도 그들과 함께 구름 속으로 '끌어 올려'(하르파조) 공중에서 주를 영접하게 하시리니 그리하여 우리가 항상 주와 함께 있으리라." 데살로니가전서 4:16-17

'하르파조'는 수동태 동사로 사용되어 '(강제로) 취하다, 훔치다, 데려가다. 끌어올리다, 도적질하다, 빼앗다, 잡아채가다'라는 뜻으로 사용됩니다. 또한 '(독수리가 먹이를 낚아채듯 갑자기) 물어가다'라고 해석되기도 합니다. 이 말씀에서 가리키는 '하르파조'의 사건은 그 단어의 뜻도 신비롭지만 이스라엘의 결혼식 문화와 매우 흡사하여 더욱 놀랍습니다.

나팔 소리가 울리면 신랑이 불시에 와서 신부를 취하듯 예수님은 하나님 아버지께서 정하신 때에 우리를 공중으로 끌어올리실 것입니다. 또한 이와 일맥상통하는 말씀이 이사야 26장에도 기록되어 있습니다.

"'주의 죽은 자들은 살아나고 그들의 시체들은 일어나리이다' 티끌에 누운 자들아 너희는 깨어 노래하라 주의 이슬은 빛난 이슬이니 땅이 죽은 자들을 내놓으리로다 '내 백성아 갈지어다' 네 밀실에 들어가서 네 문을 닫고 분노가 지나기까지 잠깐 숨을지어다." 이사야 26:19-20

데살로니가전서 4장에 나오는 '죽은 자들이 먼저 일어나고'와 이사야서 26장에 나오는 '주의 죽은 자들은 살아나고 그들의 시체들은 일어나리이다'라는 말씀이 그러합니다. 또한 '내 백성아 갈지어다'에서 사용된 '갈지어다'는 '얄라크'(קזٕ)인데 '가다'라는 뜻도 있지만 '옮기다, 데려오다, 가져오다, 끌어가다'라는 뜻도 있습니다. 이는 하르파조와 매우 유사합니다.

이사야는 B.C. 740년에서 680년까지, 즉 예수님이 오시기약 700년 전에 활동했던 선지자입니다. 그런데 그가 기록한 이사야 말씀이 A.D. 51년 경에 사도 바울이 기록한 데살로니가전서 말씀과 놀랍도록 일치합니다. 약 750년의 격차를 가지고 살아간 그들이지만 '그날'을 사모하는 간절한 마음은 같았던 것입니다.

다시 정리하면, 신랑 되신 예수님은 갈릴리 지방의 신랑처럼 불시에 오셔서 그분의 신부를 데려가실 것입니다. 우리가 기다리고 기다리던 구속은 독수리가 먹이를 낚아채듯 그렇게 완성될 것입니다. 그날에는 믿음으로 예수를 주로 고백한 무덤 안에 잠자는 자들과 살아 있는 자들이 모두 영화로운 몸으로 부활하여 공중에서 주를 뵐 것입니다.

그렇다면 그날을 사모하며 기다리는 우리는 어떠한 자세로 살아가야 하겠습니까? 오늘이 이 땅에서의 마지막인 것처럼 살아가야 합니다. 언제라도 주님이 오실 수 있다는 깨어 있는 마음으로 살아가야 합니다. 그렇다면 신부가 어찌 예식날을 잊을 수 있고, 어찌 다른 남자를 사랑할 수 있겠습니까?

신랑이 신부를 데려오는 시간은 자정을 넘어 한밤중이나 이른 새벽에 이루어집니다. 신랑은 친구들과 함께 아버지의 집을 떠나 횃불을 들고 신부의 집을 향해 행진합니다. 그때 그들은 한목소리로 "보라, 신랑이 온다"라고 외칩니다. 신랑이 오는 소리를 들은 신부는 잠에서 깨어 신랑을 맞을 준비를 합니다. 준비한 등불을 들고 웨딩드레스를 입습니다. 자다가 깨어난 신부의 들러리들도 준비를 합니다. 이제 그토록 기다리던 신랑과 신부가 다시 만날 것입니다. 오랫동안 서로를 기다려온 그들은 눈시울을 붉힐 것입니다.

가마를 타고 가는 신부

이제 신부는 결혼예식을 치르기 위하여 신랑의 아버지 집으로 향합니다. 여기서 특이한 점은 신부가 걸어가는 것이 아니라 신랑의 친구들이 가져온 가마(들것)를 타고 공중에 '들려진 채' 신랑의 집으로 간다는 것입니다. 갈릴리 지방 사람들은 이것을 "신부가 공중에 들려 아버지 집에 간다"고 표현했습니다. 바로 이것이 끌어 올려져 공중에서 주를 뵙는 휴거의 예표입니다.

"구름 속으로 끌어 올려 공중에서 주를 영접하게 하시리니." 데살로니가전서 4:17

예수님이 다시 오실 때는 아마도 밤일 것입니다. 여기서 말하는 밤은 물리적 밤이 아닌 영적으로 잠에 취해 있는 밤을 의미합니다. 그렇다면 영적으로 잠에 취해 있다는 말은 무슨 의미일까요? 그것은 믿음, 소망, 사랑을 잃은 상태를 의미합니다. 오늘날 많은 사람들이 세상에 취해 있습니다. 그들은 예수님이 다시 오시는 날이나 구원에 관심이 없습니다. 오로지 자신의 꿈, 성공, 관계에 매여 살아갑니다. 그들은 예수님이 오시기 바로 직전까지 먹고 마시고 장가 들고 시집 가는 등 바쁘게 살아갈 것입니다. 이렇게 깊이 잠든 영적 밤을 살아가는 자들에게는 그 날이 덫과 같이 임할 것입니다.

"홍수 전에 노아가 방주에 들어가던 날까지 사람들이 먹고 마시고 장가 들고 시집 가고 있으면서 홍수가 나서 그들을 다 멸하기까지 깨닫지 못하였으니 인자(예수님)의 임함(다시 오심)도 이와 같으리라." 마태복음 24:38-39
"너희는 스스로 조심하라 그렇지 않으면 방탕함과 술취함과 생활의 염려로 마음이 둔하여지고 뜻밖에 그 날이 덫과 같이 너희에게 임하리라 이 날은 온 지구상에 거하는 모든 사람에게 임하리라 이러므로 너희는 장차 올 이 모든 일을 능히 피하고 인자 앞에 서도록 항상 기도하며 깨어 있으라 하시니라." 누가복음 21:34-36

가마를 탄 신부가 들러리들과 함께 신랑의 아버지 집에 도착하면 그때부터 본격적인 피로연이 시작됩니다. 일단 예식이 시작되면 문이 굳게 닫혀 아무도 들어오거나 나갈 수 없습니다. 그래서 늦게 도착한 사람, 나팔소리를 듣지 못하고 잠들어 있는 사람, 예복을 준비하지 못한 사람은 피로연이 진행되는 7일 동안 그곳에 들어갈 수 없습니다.

신부가 가마를 타고 신랑의 집을 향해 가듯 우리도 구름 속으로 끌어 올려져 예수님이 예비하신 처소인 천국으로 갈 것입니다. 그곳에서 하나님을 영원히 예배하고 사랑하는 예수님과 함께 할 것입니다.

"우리가 즐거워하고 크게 기뻐하여 그에게 영광을 돌리세 어린양의 혼인 기약이 이르렀고 그의 아내가 자신을 준비하였으므로." 요한계시록 19:7

순결, 그날을 기다리는 자세

우리는 앞에서 신랑이 신혼집을 준비하는데 1년 이상의 시간이 걸린다고 나누었습니다. 이렇게 결혼식을 바로 올리지 않고 떨어져 있는 이유는 살 집을 준비하기 위함도 있지만, 그동안 신부가 순결을 잘 지키는지 시험하기 위함도 있습니다. 만약 그 기간에 신부가 다른 남자의 아이를 임신하면 그녀는 돌에 맞아 죽습니다.

하나님은 우리를 그리스도의 순결한 피로 사셔서 순결한 신부로 단장시켜 가십니다. 우리는 그 성화의 삶을 통하여 연단을 받고 점차 성장해 나갑니다. 사람의 입장에서는 자신의 노력으로 성장하는 것 같으나 자라게 하시는 분은 오직 하나님 한 분이십니다. 구원의 전 과정은 처음부터 끝까지 그분이 완성해가시는 것입니다.

우리가 순결할 수 있는 이유는 하나님이 그리스도의 피로 순결한 옷을 입혀 주셨기 때문입니다. 그러므로 우리는 그 구원에 감사하며 주를 향한 순결을 지키기 위하여 말씀과 기도로 자신을 거룩하게 해야 합니다. 성도의 옳은 행실은 신랑 되신 예수님의 사랑을 알고 그분을 믿으며 거룩하게 살아가는 것입니다. 그날을 사모하며 좁은 길을 걸어가는 것입니다.

신랑이 신부에게 바라는 것은 딱 한 가지입니다. 신랑을 기다리는 순결한 마음, 즉 신뢰입니다. 우리는 이 세상 것을 사랑하거나 예수님 외에 다른 구원을 절대로 용납해서는 안 됩니다. 신랑 되시는 예수님과 함께 혼인잔치에 들어가기까지 세상의 어떤 포도주에도 취해서는 안 됩니다.

> "땅의 임금들도 그와 더불어 음행하였고 땅에 사는 자들도 그 음행의 포도주에 취하였다 하고." 요한계시록 17:2

마지막 옷

혼인예식 마지막 날에 열릴 가장 큰 잔치는 신랑의 아버지가 준비합니다. 마태복음 22장 2절을 보면 다음과 같은 말씀이 나옵니다.

"천국은 마치 자기 아들을 위하여 혼인잔치를 베푼 어떤 임금과 같으니."

갈릴리 지방의 복잡한 정혼과 예식 단계를 거쳐 모든 것이 끝나면 이제 신랑과 신부는 영원히 함께 삽니다. 앞에서 나누었듯 그들의 결혼문화는 '예수님이 왜 다시 오시는가'에 대하여 자세히 풀어 주고 확증해 줍니다.

우리가 입어야 할 '마지막 옷'은 어린양의 혼인잔치 때 입을 빛나고 깨끗한 세마포 옷입니다. 그 신부의 예복은 하나님께서 직접 입혀 주실 것입니다. 성경은 창세기의 가죽옷에서 시작하여 요한계시록의 빛나고 깨끗한 세마포 옷을 입히는 것으로 끝이 납니다. 사랑에서 시작하여 사랑으로 마무리되는 역사입니다. 그날에 죄로 물든 세상의 역사도 끝이 날 것입니다.

이제 우리는 천국 소망을 가지고 다시 오실 예수님을 깨어 기다려야 합니다. 하지만 연약한 우리는 오늘 또 죄에 넘어질 수 있습니다. 내가 과연 주님의 순결한 신부가 될 수 있을까 스스로 의심하면서 절망할 수 있습니다. 그때마다 우리는 내가 지금 입고 있는 옷이 무엇인가를 기억해야 합니다. 우리는 그리스도로 옷 입은 사람입니다. 우리가 나 자신이 아닌 하나님의 구원하심을 의지하고 살아갈 때, 마침내 '영화의 옷'을 취하게 될 것입니다. 구원의 하나님께서 이 일을 이루실 것입니다!

> "여호와는 나의 빛이요 나의 구원이시니 내가 누구를 두려워하리요 여호와는 내 생명의 능력이시니 내가 누구를 무서워하리요." 시편 27:1

빼앗길 수 없는 옷

이제 우리는 예수님의 재림을 두려워하거나 더디 오시길 바라는 마음으로 살아서는 안 됩니다. 예수님을 믿는다고 말하면서 세상에 취해 "지금 오시면 안 돼요"라고 말해서도 안 됩니다. 지금 이 순간에도 예수님은 신부인 우리를 맞이하길 갈망하십니다. 우리도 그분을 맞이할 그날을 갈망하며 뜨겁게 사랑해야 합니다. 그렇다면 그날은 우리에게 두려움이 아닌 가장 기쁘고 영광스러운 날로 다가올 것입니다.

하나님은 그분의 이름을 위하여 세상 끝 날까지 당신과 함께 하실 것입니다. 당신을 의의 길로 인도하실 것입니다(시편 23:3).

당신을 결코 포기하지 않으실 것입니다.

"내 평생에 선하심과 인자하심이 반드시 나를 따르리니 내가 여호와의 집에 영원히 살리로다." 시편 23:6

영원 전부터 하나님이 입히기로 작정하신 신부의 옷은 아무도 **빼앗을** 수 없으며 아무에게도 **빼앗길** 수 없습니다. 모든 믿는 자에게 구원을 주시는 완전하신 하나님을 찬양합니다!

"또 내가 보매 거룩한 성 새 예루살렘이 하나님께로부터 하늘에서 내려오니 그 준비한 것이 신부가 남편을 위하여 단장한 것 같더라 내가 들으니 보좌에서 큰 음성이 나서 이르되 보라 하나님의 장막이 사람들과 함께 있으매 하나님이 그들과 함께 계시리니 그들은 하나님의 백성이 되고 하나님은 친히 그들과 함께 계셔서 다시는 사망이 없고 애통하는 것이나 곡하는 것이나 아픈 것이 다시 있지 아니하리니 모든 눈물을 그 눈에서 닦아 주시니 처음 것들이 다 지나갔음이러라." 요한계시록 21:2-4

chapter 29

당신의 마지막 옷을 소개합니다

때로 기성복이 아닌 맞춤 제작을 원하는 고객들을 만납니다. 기성복은 내 몸의 정확한 사이즈로 제작된 옷이 아닌 매장에서 판매하는 평균적인 옷입니다. 그래서 완벽한 핏을 느끼기에 한계가 있습니다. 반면, 맞춤 제작은 어깨, 가슴, 팔, 허리, 엉덩이 등 내 몸의 정확한 치수뿐 아니라 소재, 단추 등 세세한 부분까지도 내가 원하는 것으로 제작하는 옷입니다. 그래서 기성복에 비해 완벽한 핏이 나올 수밖에 없고 품질과 가격 면에서 차이가 날 수밖에 없습니다.

맞춤 제작은 반드시 가봉 단계를 거칩니다. 가봉이란, 옷을 완성하기 전에 다시 한 번 잘 맞는지 확인하기 위하여 듬성듬성 해놓은 바느질을 의미합니다. 제작자는 고객에게 가봉한 옷을 입혀 허리를 더 잡아야 하는지, 기장의 길이는 적당한지 등을 확인하여 수정합니다. 그렇게 가봉 단계에서 정확한 사이즈를 확인한 후에 옷을 완성시켜 고객에게 전달합니다.

우리는 예수님을 믿는 순간, 구원을 받습니다. 더러운 죄의 옷이 벗겨지고 의의 옷을 입습니다. 하지만 지금 우리가 입고 있는 옷은 가봉 상태와 같습니다. 완성된 옷은 예수님이 이 땅에 다시 오시는 그날에 입을 것입니다.

우리는 가봉 단계에서 "옷이 완성되면 이렇겠구나" 하고 마치 완성된 옷을 입은 듯한 기분을 느낄 수 있습니다. 하지만 가봉된 옷은 입었다가 수정이 끝나면 바로 벗어야 합니다. 우리 역시 그리스도로 옷 입고 있지만 그것이 완성된 옷은 아닙니다. 그래서 종종 내가 완성된 옷을 받을 것이라는 사실을 잊어버리곤 합니다. 삶이 너무 바빠서, 때론 삶에 너무 지쳐서 완성된 옷에 대한 소망을 잃어버리곤 합니다.

옷이 완성되는 그날

예수님이 이 땅에 다시 오실 날은 반드시 옵니다. 완성된 옷을 우리 눈으로 보고 입을 수 있는 있는 날이 곧 도래할 것입니다. 그 소망은 가봉 후에 완성된 옷을 기다리는 고객의 설렘과 비교할 수 없을 만큼 큰 것입니다. 그러니 소망을 잃지 마십시오. 완성된 옷이 영원히 당신 것이 될 그날이 오고 있습니다. 이 땅에서 그 옷을 믿음의 눈으로 바라보십시오. 그것이 실제가 되는 그날이 오고 있습니다.

완성된 구원의 옷은 예수님을 향한 믿음, 소망, 사랑으로 입을 수 있습니다. 믿음은 예수 그리스도가 하나님의 아들이시며 우리 죄를 대신하여 십자가에 돌아가셨다는 것을 믿는 것입니다. 소망은 부활하신 예수님이 이 땅에 다시 오셔서 우리를 신부로 맞아 영원한 천국으로 데려가실 것을 소망하는 것입니다. 마지막으로 사랑은 모든 것을 견디고 바라며 이기게 해 주시는 예수님을 사모하는 것입니다.

우리가 입을 마지막 옷인 완성된 옷은 낡지 않는 영원한 옷입니다. 그 옷은 하나님의 백성들만 입을 수 있으며 그 누구도 빼앗을 수 없습니다. 그 옷을 입는 자마다 하나님이 다스리시는 영원한 나라로 들어갈 것입니다.

때로 우리는 이 땅에서의 초라한 내 모습에 실망할 수도 있습니다. 그러나 낙망하지 마십시오. 그럴 때마다 저는 다음 말씀을 되새기곤 합니다.

> "너 곤고하며 광풍에 요동하여 안위를 받지 못한 자여 보라 내가 화려한 채색으로 네 돌 사이에 더하며 청옥으로 네 기초를 쌓으며." 이사야 54:11

하나님은 곤고하며 요동하여 안위 받지 못하는 우리를 돌봐 주시고 그 품에 품어 주시는 분입니다. 가장 아름다운 옷을 입혀 주시는 사랑의 아버지가 당신과 함께 하신다는 것을 잊지 마십시오. 저는 예수님이 다시 오실 그날을 간절히 기다립니다. 사랑하는 그분만 바라보며 달려온 시간들이 보상받는 그날에 주님은 제게 이렇게 말씀해 주실 것만 같습니다.

"수고했다, 내 사랑하는 자녀야.

내가 너를 위하여 준비한 이 완성된 옷을 보렴.

이것은 영원히 썩지도 해어지지도 않는 옷이란다.

이제 이것은 영원히 네 거야. 아무도 네게서 빼앗을 수 없단다.

내가 이 옷을 입혀 주마."

소망의 이유

"나의 자녀들아 내가 이것을 너희에게 씀은 너희로 죄를 범하지 않게 하려 함이라 만일 누가 죄를 범하여도 아버지 앞에서 우리에게 대언자가 있으니 곧 의로우신 예수 그리스도시라."

요한일서 2:1

오늘도 우리는 유일하신 대언자 예수 그리스도를 의지하여 살아가야 합니다. 죄로 인하여 절망에 빠져 있을지라도, 온갖 불안과 더러움에 얼룩진 죄의 옷을 입고 있을지라도, 사탄이 아무리 정죄하고 참소할지라도, 우리를 정죄하지 않으시고 회개하고 돌이키길 원하시는 의로우신 주님을 믿고 다시 일어나야 합니다. 주님은 언제라도 그분께로 돌이킬 수 있는 은혜를 베풀어 주실 것입니다. 우리는 예수님의 보배로운 피 값으로 사신 하나님의 자녀이기 때문입니다.

"여호수아가 더러운 옷을 입고 천사 앞에 서 있는지라 여호와 께서 자기 앞에 선 자들에게 명령하사 그 더러운 옷을 벗기라 하시고 또 여호수아에게 이르시되 내가 네 죄악을 제거하여 버 렸으니 네게 아름다운 옷을 입히리라 하시기로 내가 말하되 정 결한 관을 그의 머리에 씌우소서 하매 곧 정결한 관을 그 머리 에 씌우며 옷을 입히고 여호와의 천사는 곁에 섰더라." 스가랴 3:3-5

당신의 더러운 옷을 벗기라고 명하시는 주님을, 당신의 모든 죄악을 제하여 버리시는 주님을, 그리고 당신에게 가장 아름다 운 옷을 입혀 주시는 주님만을 바라보십시오. 당신의 모든 죄를 사하시고 의의 옷을 입혀 주시는 그분만을 사랑하고 찬양하십 시오.

언젠가 우리를 신부로 맞아 천국으로 인도해 주실 기쁨의 그 날을, 그리고 마침내 완성된 빛나고 깨끗한 옷을 입는 그날을 우리가 함께 고대하며 살아가기를 소망합니다.

"이것들을 증언하신 이가 이르시되 내가 진실로 속히 오리라 하시거늘 아멘 주 예수여 오시옵소서 주 예수의 은혜가 모든 자들에게 있을지어 다 아멘." 요한계시록 22:20-21

영화의 옷을 입히다

보라 내가 너희에게 비밀을 말하노니 우리가 다 잠 잘 것이 아니요
마지막 나팔에 순식간에 홀연히 다 변화되리니 나팔 소리가 나매
죽은 자들이 썩지 아니할 것으로 다시 살아나고 우리도 변화되리라
이 썩을 것이 반드시 썩지 아니할 것을 입겠고
이 죽을 것이 죽지 아니함을 입으리로다 고린도전서 15:51-53

'영화'(榮化, Glorification)는 하나님의 택하심과 그분의 일하심으로 우리의 구원이 완성되는 것을 의미합니다. 영화는 영혼의 영화와 몸의 영화로 나뉘는데, '영혼의 영화'는 성도가 죽음을 맞이할 때에 영혼이 영화되어 하나님께로 돌아가는 것을 의미합니다. 그리고 '몸의 영화'는 나팔소리와 함께 예수님이 다시 오셔서 죽은 우리 몸을 다시 살리실 때에 썩어질 몸이 썩지 아니하는 몸으로 변화하고 영원히 죽지 않는 존재로 예수님의 형상과 같이 변화하는 것을 말합니다. 영화를 통하여 구원의 전 과정이 완성되고 죄와 사망으로부터 완전히 해방됩니다. 또한 영화가 되면 영원한 생명을 누리게 됩니다.

"내 아버지의 뜻은 아들을 보고 믿는 자마다 영생을 얻는 이것

이니 마지막 날에 내가 이를 다시 살리리라 하시니라." 요한복음
6:40

'칭의'는 단번에, 그리고 '성화'는 인생 전체에 걸쳐 점진적으로 이루어지는 것이라면 '영화'는 예수님의 재림으로 불시에 이루어지는 사건입니다. 성화의 과정은 계속되는 죄의 유혹을 피할 수 없지만, 영화의 사건이 임하면 죄와 사망의 몸으로부터 완전히 벗어나게 됩니다. 영화된 성도는 예수님의 신부가 되어 하나님이 준비하신 빛나고 깨끗한 세마포 옷을 입고 영광스럽고 영원한 삶을 살아가게 될 것입니다.

"우리가 즐거워하고 크게 기뻐하며 그에게 영광을 돌리세 어린양의 혼인 기약이 이르렀고 그의 아내가 자신을 준비하였으므로 그에게 빛나고 깨끗한 세마포 옷을 입도록 허락하셨으니 이 세마포 옷은 성도들의 옳은 행실이로다 하더라 천사가 내게 말하기를 기록하라 어린양의 혼인잔치에 청함을 받은 자들은 복이 있도다 하고 또 내게 말하되 이것은 하나님의 참되신 말씀이라 하기로." 요한계시록 19:7-9

만약 우리에게 부활이 없다면 복음을 전하는 것도 헛것이요, 한평생 주님을 바라보며 살아가는 믿음도 헛것입니다. 그리스도 안에서 바라는 것이 이 세상의 삶뿐이라면 우리는 가장 불쌍

한 사람입니다(고린도전서 15:12-19). 하지만 우리는 그럴 수 없습니다. 부활은 반드시 있습니다! 하나님이 십자가에 달려 돌아가신 예수님을 다시 살리신 것처럼 우리를 살리셔서 영원한 천국으로 인도하실 것입니다.

"그리스도께서 만일 다시 살아나지 못하셨으면 우리가 전파하는 것도 헛것이요 또 너희 믿음도 헛것이며 또 우리가 하나님의 거짓 증인으로 발견되리니 우리가 하나님이 그리스도를 다시 살리셨다고 증언하였음이라 만일 죽은 자가 다시 살아나는 일이 없으면 하나님이 그리스도를 다시 살리지 아니하셨으리라 만일 죽은 자가 다시 살아나는 일이 없으면 그리스도도 다시 살아나신 일이 없었을 터이요 그리스도께서 다시 살아나신 일이 없으면 너희의 믿음도 헛되고 너희가 여전히 죄 가운데 있을 것이요 또한 그리스도 안에서 잠자는 자도 망하였으리니 만일 그리스도 안에서 우리가 바라는 것이 다만 이 세상의 삶뿐이면 모든 사람 가운데 우리가 더욱 불쌍한 자이리라 그러나 이제 그리스도께서 죽은 자 가운데서 다시 살아나사 잠자는 자들의 첫 열매가 되셨도다 사망이 한 사람으로 말미암았으니 죽은 자의 부활도 한 사람으로 말미암는도다 아담 안에서 모든 사람이 죽은 것 같이 그리스도 안에서 모든 사람이 삶을 얻으리라." 고린도전서 15:14-22

영화를 맞이할 성도는 이 땅에서 부활의 소망을 가지고 살아갑니다. 세상이 아닌 천국을 바라봅니다. 예수 그리스도를 구주로 삼고 그분만을 섬깁니다. 예수님의 다시 오심을 깨어 준비하고 마음과 뜻을 다하여 하나님을 사랑하고 이웃을 사랑합니다. 때론 성화의 과정에서 죄를 짓고 넘어지기도 하나 하나님의 영이 함께 하시므로 죄를 회개하고 다시 일어나 기도와 말씀으로 거룩하게 나아갑니다. 죽음과 같은 극심한 고통을 경험할지라도 세상을 이기고 승리합니다(요한일서 5:5). 예수 그리스도의 증인 된 자요, 믿음으로 세상을 이기는 자로 살아갑니다.

영화된 성도는 마침내 천국으로 들어갈 것입니다. 그곳은 죽은 자들이 들어가는 곳이 아닌 죽음을 이기고 영혼육이 부활한 성도가 들어가는 곳입니다. 그곳은 영원히 쇠하지 않으며 주님이 다스리시는 하나님의 나라입니다.

"지극히 높으신 이의 성도들이 나라를 얻으리니 그 누림이 영원하고 영원하고 영원하리라." 다니엘 7:18

영화된 성도는 예수 그리스도의 영원한 통치 안에 살아가며 하나님의 백성이 되어 그분과 함께 살 것입니다. 창세전에 예비하신 유업을 받고 세세토록 왕 노릇할 것입니다. 그곳은 다시 저주나 사망, 슬픔이나 울부짖음, 그리고 고통이 없을 것입니다. 그때 모든 만물이 새롭게 될 것입니다.

"또 내가 새 하늘과 새 땅을 보니 처음 하늘과 처음 땅이 없어졌고 바다도 다시 있지 않더라 또 내가 보매 거룩한 성 새 예루살렘이 하나님께로부터 하늘에서 내려오니 그 준비한 것이 신부가 남편을 위하여 단장한 것 같더라 내가 들으니 보좌에서 큰 음성이 나서 이르되 보라 하나님의 장막이 사람들과 함께 있으매 하나님이 그들과 함께 계시리니 그들은 하나님의 백성이 되고 하나님은 친히 그들과 함께 계셔서 모든 눈물을 그 눈에서 닦아 주시니 다시는 사망이 없고 애통하는 것이나 곡하는 것이나 아픈 것이 다시 있지 아니하리니 처음 것들이 다 지나갔음이러라 보좌에 앉으신 이가 이르시되 보라 내가 만물을 새롭게 하노라 하시고 또 이르시되 이 말은 신실하고 참되니 기록하라 하시고." 요한계시록 21:1-5

구약의 선지자 이사야도 영화된 성도가 누릴 새 하늘과 새 땅, 즉 천국에 대하여 예언했습니다.

"그 때에 이리가 어린 양과 함께 살며 표범이 어린 염소와 함께 누우며 송아지와 어린 사자와 살진 짐승이 함께 있어 어린 아이에게 끌리며 암소와 곰이 함께 먹으며 그것들의 새끼가 함께 엎드리며 사자가 소처럼 풀을 먹을 것이며 젖 먹는 아이가

독사의 구멍에서 장난하며 젖 뗀 어린아이가 독사의 굴에 손을 넣을 것이라." 이사야 11:6-8

지금 당신은 이 땅에서 천국을 소망하며 살아가고 있습니까? 그렇다면 예수님을 향한 믿음을 끝까지 버리지 마십시오. 예수님이 다시 오실 그날을 사모하며 깨어 준비하십시오. 하나님이 그분의 전능하신 능력으로 당신에게 영원한 생명의 옷을 입혀 주실 것입니다.

세상에서 가장 아름다운 이름

"누구든지 주의 이름을 부르는 자는 구원을 받으리라." 사도행전 2:21

예수님의 히브리어 원어의 이름은 '예슈아'(ישוע, Yeshuah)로 영어로는 'salvaion', 'deliverance', 즉 '구원'을 의미합니다. 예수의 이름을 부르는 자는 하나님이 그의 구원이 되어 주신다는 의미입니다. 그리고 영원한 지존자를 뜻하는 '여호와'(יהוה)는 거룩하신 하나님의 이름으로 '야훼'라고도 부릅니다. 히브리어는 한글과 반대로 오른쪽에서 왼쪽으로 읽으므로 그 이름의 네 개의 자음을 하나씩 읽으면 윧(י:yod), 헤(ה:hey), 와우(ו:vav), 헤(ה:hey)

입니다.

　김대일 목사의 「원어로 끌어올린 말씀의 샘물」(로고스)과 창조과학자 김명현 박사의 강의 "야훼 속에 숨겨진 이름"을 보면, 여호의 이름에 대하여 보다 깊이 이해할 수 있습니다. 야훼를 히브리식으로 하나하나 해석하면 '손', '보라', '못', '보라'입니다. 윤은 '손'(hand), 헤는 '보라'(behold, look), 와우는 '못'(nail)이기 때문입니다. 즉, '여호와'를 히브리어 단어로 직역하면 '손을 보라, 못을 보라'(Behold the Hand! Behold the Nail!)입니다.

　그렇다면 '손을 보라, 못을 보라'는 무슨 뜻일까요? 그것은 우리를 구원하시기 위하여 십자가에 못박혀 돌아가신 예수 그리스도를 가리킵니다(요한복음 20:27). 유대인들이 십자가에 못 박아 죽인 예수님은 바로 그들이 섬기는 여호와였습니다. 안타깝게도 이스라엘은 지금도 예수님을 메시야로 인정하지 않고 다른 구원자를 기다리고 있습니다. 하지만 분명 우리 예수님은 이미 2천년 전에 이 땅에 오셔서 십자가에 못 박혀 죽으시고 사흘만에 부활하신 여호와입니다! 때가 되면 그들도 회개하고 예수님을 메시야로 인정하게 될 것입니다(로마서 11:25-26).

　예수님을 믿는 성도가 영화될 수밖에 없는 이유는 예수님이 바로 여호와 하나님이시기 때문입니다. 하나님은 예수님을 이 땅에 보내시기 이미 오래전부터 그 이름을 '여호와'라 계시하심으로써 우리를 위하여 십자가에 못 박혀 죽으실 것을 말씀하셨습니다.

누구든지 예수님의 이름을 부르는 자는 구원을 받습니다. 그 구원의 이름을 부르는 자는 그 이름의 능력을 경험하고, 우리 주님이 다시 오시는 날에 반드시 부활하여 그분의 나라로 들어갈 것입니다. 그때까지 하나님께서 우리의 영과 혼과 몸을 흠 없이 완전하게 지켜 주시기를 간절히 소망합니다.

"평화의 하나님이 여러분을 온전히 거룩하게 하시고 우리 주 예수 그리스도께서 다시 오실 때 여러분의 영과 혼과 몸을 흠 없이 완전하게 지켜 주시기를 기도합니다." 데살로니가전서 5:23, 현대인의성경

지금 이 시간, 다시 오실 예수님을 사모하며 함께 기도하겠습니다.

영원 전부터 영원까지
만물을 다스리시는 놀라우신 하나님,

주의 많은 긍휼을 따라
저를 거듭난 자로 살아가게 해 주시고
산 소망을 주셔서 감사합니다.

제게 영원한 생명을 주신 부활의 주님을,
모든 눈물을 기쁨으로 변화시켜 주신 주님을
생명 다하여 사랑합니다.

제 영혼육을 완전히 새롭게 하실
신실하신 주님을 찬양하며
다시 오실 주님을 잠잠히 기다립니다.

저를 위하여 예비해 주신
햇살보다 빛나고 순결한 부활의 옷을 입고
주와 영원한 사랑을 나눌 그날을 기다립니다.

다시 오실 예수 그리스도의 이름으로 기도합니다. 아멘.

완전하네

소망으로 지어진
사랑으로 지어진

주 모습 닮기를
그 모습 닮기를

바라며 만들었네

택함으로 지어져
사랑으로 지어져

은혜로 닮아가
믿음으로 닮아가

바라며 만들어져 가네

모든 걸 이롭게 하겠네
모든 걸 새롭게 하겠네

영원히 빛나
영원히 함께

그날에 나
그날에 우리

완전하네 주의 빛나는 옷을 입고
완전하네 주의 보좌 안에
완전하네 주의 모든 걸 함께

_신여호수아

먼저, 패션을 통하여 복음을 만나게 해 주시고 고뇌한 모든 것들로 복음을 깊이 깨닫게 해 주신 하나님께 감사드립니다.

하나님은 제게 '옷'으로 인해 상처받고 일상에 어려움을 겪는 이들을 인도하셔서 그들을 아름답게 변화시켜 가셨습니다. 그들이 입고 있는 사망의 옷을 벗겨 영원한 생명의 옷을 입혀 주셨습니다. 저는 그 놀라운 과정 가운데 쓰임 받으며 하나님 아버지께 더욱 가까이 나아갈 수 있었습니다. 제가 이 일을 하면서 가장 속상할 때는 자신의 틀에서 벗어나지 못해 결국 변화하지 못하는 사람들을 볼 때입니다. 저는 그들을 바라보면서 자신의 전부를 주신 주님은 복음을 들으려 하지 않고 복음으로 변화되지 않는 이들을 바라보실 때, 얼마나 마음이 아프실까 생각하게 되었습니다.

이제 저는 하나님의 뜻과 마음을 아는 그분의 동역자가 되어 누군가를 빛나게 하는 세상의 아름다운 옷뿐 아니라 영원한 생명의 옷을 입을 수 있는 길을 제시하는 사람으로 평생 살아가기를 소원합니다. 물고기를 잡는 어부였던 베드로가 예수님을 만나 사람을 낚는 어부로 살아간 것처럼 말입니다.

지금 이 시대에 가장 필요한 메시지는 '예수 그리스도와 그분의 다시 오심'입니다. 우리는 신랑 되신 예수님의 다시 오심을 전심으로 기다리면서 우리의 본향인 천국에 들어가기 위하여 신부의 예복을 입고 기다려야 합니다. 나아가 주위 사람들에게 유일한 생명이신 예수님을 전하며 주님이 오실 길을 예비해야 합니다. 저는 당신이 이 책을 통하여 빼앗길 수 없는 옷을 발견했으리라 확신합니다. 우리 모두가 그 옷을 받는 그날, 한자리에서 기쁨으로 만나기를 소망합니다. 여기에 담긴 복음의 메시지가 주께서 예비하신 사람들에게 전파되기를 기도합니다.

마지막으로 태에서부터 저를 위하여 기도해 주시고 예수님을 전해 주신 존경하는 부모님, 사랑하는 남편 신여호수아, 지난 1년간 '복음'이라는 한마음을 품고 함께 해 주신 비홀드 출판사, 김찬양 작가님, 그리고 이 책을 위해 기도해 주신 모든 분께 진심으로 감사의 인사를 전합니다. 이 책을 집필할 수 있도록 시간과 공간과 지혜를 허락해 주신 하나님께 모든 영광을 돌립니다.

"…내가 진실로 속히 오리라 하시거늘 아멘 주 예수여 오시옵소서 주 예수의 은혜가 모든 자들에게 있을지어다 아멘." 요한계시록 22:20-21

참고문헌

6장: 윤종현, 「마음 살리기」, 규장, 2016

16장: 다니엘김, 「가야 하는 길」, 규장, 2020

17장: 송태근, 「교회가 알고 싶다」, 넥서스CROSS, 2017

22장: 마틴 로이드 존스, 「마틴 로이드 존스의 십자가」, 두란노, 2011

      김삼성, 「성경에 나타난 여호와의 절기, 하나님의 시간표」, 열두제자, 2018

28장 : 현용수, 「유대인의 성교육」, 쉐마, 2021

칭의·성화·영화의 옷을 입히다: 김상복, 「당신은 확실히 구원받았습니까」, 나침반, 1998

하나님이 세상을 이처럼 사랑하사 독생자를 주셨으니
이는 그를 믿는 자마다 멸망하지 않고 영생을 얻게 하려 하심이라
요한복음 3:16